Antonio Elster
Dipl.- Ing.

Mein erster
Oldtimer·Youngtimer

Die wichtigsten Tips und Tricks für Erstkäufer

1. deutsche Auflage 2011

IO

Antonio Elster:
Mein erster Oldtimer • Youngtimer. Die wichtigsten Tips und Tricks für Erstkäufer

© 2011 Antonio Elster. 1. deutsche Auflage. Titelbild, Einbandgestaltung, Textlayout und Abbildungen im Text: Antonio Elster. Alle Rechte vorbehalten. Herstellung und Verlag BOD GmbH, Norderstedt, Deutschland. ISBN 978-3-8391-8731-9 Printed in Germany 2011

Einleitung

Liebe Leserinnen und Leser,

Gründe für das Interesse an älteren Kraftfahrzeugen gibt es wirklich viele: Liebhaber suchen ein schönes Sammelstück, Investoren ein lohnenswertes Anlageobjekt, praktisch denkende Menschen möchten auf zuviel Elektronik im Auto verzichten, und wieder andere erinnern sich einfach gern an ihre Jugendzeit zurück.

Zu welcher dieser Gruppen Sie sich auch zählen, ein Interesse haben alle Oldtimer-interessierten Menschen gemein: Kaum jemand möchte ein Fahrzeug erwerben, das sich in finanzieller oder zeitlicher Hinsicht zu einem Faß ohne Boden entwickelt. Selbst eingefleischte Liebhaber, diejenigen, die voller Vorfreude an ein umfangreiches Restaurierprojekt denken, zielen kaum jemals darauf ab, mehr ihres Geldes auszugeben als je zurückerwartet werden darf. Zu hohe Kosten und zu hohen Aufwand möchte nahezu jeder Oldtimerkäufer vermeiden, und Enthusiasten, bei denen Geld wirklich überhaupt keine Rolle spielt, kommen nur sehr selten vor.

Deshalb liegt der Schwerpunkt dieses Ratgebers nicht nur auf für jeden Leser durchführbare Prüf- und Bewertungsmethoden älterer Automobiltechnik, sondern Sie erfahren hier ebenso, wie der Bereich der Kosten- und Aufwandskontrolle berücksichtigt wird. Dafür gibt es einen guten Grund: Die Erfahrung zeigt immer wieder, daß die meisten privaten Oldtimer-Liebhaber sich im Grunde gar kein Auto kaufen. Sondern die Menschen kaufen sich Lebensqualität, je nach ihrer persönlichen Definition. Erworben wird die Freude und Hoffnung auf eine schöne Lebensspanne. Beispielsweise auf schöne Fahr- und Erlebniszeiten, auf herausfordernde und bestätigende Reparaturzeiten, auf wieder Realität gewordene Erinnerungen an die eigene Jugend oder auch, als Investoren, auf ein wunderbares Geschäft in der Zukunft.

Dies bedeutet also in allen Fällen, daß ein zu hoher Einkaufspreis, oder unerwartet hohe Folgeaufwendungen, zur Verhinderung eben

3

der individuellen Lebenspläne führt. Und wer möchte dies schön ? Beim Kauf eines Oldtimers geht es häufig um eine Investition in mehrfacher, oft vielfacher Höhe des Monatsgehalts. Gleichzeitig zahlen sich aber unbedarfte „Es-wird-schon-gutgehen-Käufe" überall in der Welt nur selten aus. Glückskäufe kommen zwar vor, aber sie sind selten. Rechnen Sie deshalb nicht mit ihnen. Wer für eine hochtechnische und dabei langjährig gebrauchte Maschine nach nur wenigen Minuten des „Drüberschauens" viele Tausend Euro seines hart verdienten Geldes ausgibt, der sollte wissen, was er tut: Nicht selten kommen technische Mängel, und der tatsächlich erforderliche Investitionsaufwand in finanzieller und zeitlicher Hinsicht, erst nach dem Bezahlen des Kaufpreises ans Licht.

Macht der Käufer jedoch alles richtig, dann kann er oder sie schnell tausende Euro sparen und erhält obendrein ein schönes, zuverlässiges und möglicherweise sogar wertvolles Fahrzeug, das auch nach Jahren noch ohne Verlust oder sogar mit Gewinn verkauft werden kann. Es gibt wunderbare Oldtimer-Geschäfte und man kann sehr schöne Zeiten durch Besitz und Nutzung seines Traum-Oldtimers erleben. Viele Menschen erfreuen sich daran, bei Sonnenschein zu einem Treffen zu fahren oder einfach die Paßlandschaften der Schweiz zu erkunden. Der Autor gehört selbst zu denjenigen.

Nun wünsche ich Ihnen viel Spaß beim Lesen sowie neue und hilfreiche Erkenntnisse für Ihr eigenes Vorhaben. Und natürlich viele zuverlässige und schöne Kilometer und Stunden mit Ihrem „neuen" vierrädrigen Schätzchen. Wenn Sie später am Buchende angekommen sind und Ihnen dieser Ratgeber gefallen hat, dann würden Autor und Verlag sich über eine nette Rezension von Ihnen auf einer der einschlägigen Internetbuchhandlungs-Webseiten freuen.

Allzeit Gute Fahrt !

Ihr Antonio Elster

4

DIE 4 GRUNDGESETZE
DES GEBRAUCHTWAGENKAUFS

§ 1 KONTAKTE MIT DEM VERKÄUFER
Antworten und kommunizieren Sie nicht per Email. Telefonieren Sie. Ausschließlich.

§ 2 PROBEFAHRTEN
Fahren Sie mindestens soweit oder solange, daß jeder einzelne Getriebegang mindestens einmal benutzt wurde.

§ 3 PREISE
Ein Anzeigenpreis, oder Listenpreis, oder jeder andere beliebige Betrag, der nicht auf einem tatsächlich zu Stande gekommenen Kaufvertrag basiert, ist nichts weiter als ein Preis*vorschlag* – oft auch nur reine Phantasie.

§ 4 PREISVERHANDLUNGEN
Den Angebotspreis ohne Gegenangebot zu akzeptieren, ist fast immer falsch.

1. Gebrauchtfahrzeug-Werte

Wenn es soweit ist, daß Sie ein bestimmtes Fahrzeug endgültig erwerben möchten, dann findet im Grund ein einfacher Tausch statt: Nämlich Ihr kondensiertes Arbeitsvermögen (Geld) gegen das Eigentum an einem gebrauchten technischen Produkt (Automobil). Aus Ihrer Käufersicht reduzieren sich dann sämtliche Fragen darauf, wieviel Ihres kondensierten Arbeitsvermögens Sie abzugeben bereit sind, also: welchen Wert Sie dem ausgesuchten Fahrzeug zumessen. Es führt demnach kein Weg daran vorbei, dem Auto Ihrer Träume einen konkreten Wert in Euro zuzuordnen. Dieser persönliche Wert kann vom tatsächlichen Marktwert erheblich abweichen, dies sollte jedoch nur bewußt zugelassen werden: Denn wissentlich „zuviel" zu bezahlen, das ist in Ordnung. Dafür kann es gute Gründe geben. Unwissentlich zuviel zu bezahlen dagegen führt immer zu Ärger – und sei es nur über sich selbst. Der Koordinaten-Nullpunkt im Preissystem, also der Punkt, von dem aus entschieden wird, ob ein Kaufpreis zu hoch oder zu niedrig ist, heißt Marktwert. Wie aber findet sich der wirkliche Marktwert eines gebrauchten Fahrzeugs? Im allgemeinen Fall, also nicht auf Oldtimerkäufe beschränkt, und in einer freien Welt und Wirtschaft, ist der Marktwert eines Gebrauchtfahrzeugs (und jedes anderen Produktes), genau der (Durchschnitts) Wert, der im freien Kräftespiel von Angebot und Nachfrage erzielt wird – also der Preis, **der wirklich bezahlt wird.** Und nichts anderes.

Der Marktpreis ist derjenige, bei dem Verkäufer *und* Käufer *zusammenfinden.* Er ist niemals einseitig von Käufer oder Verkäufer bestimmt[1], sondern er beruht auf der Übereinstimmung beider Parteien.

---

[1] Ausnahmen: 1. Regierungen. Steuern zum Beispiel: werden höchst einseitig festgelegt, und Diäten höchst einseitig bestimmt. 2. Monopole 3. Planwirtschaften, zum Beispiel: DDR

Angebot und Nachfrage bestimmen also den Preis – und nicht etwa der Verkäufer. Denn der stellt ja lediglich eine von zwei notwendigen Parteien für einen Markt dar: Das Angebot.

Unterliegen Sie bitte keinem Irrtum:

Ein bloßer Anzeigenpreis, oder irgendein Listenpreis, oder jeder andere beliebige Betrag, der nicht auf einem tatsächlich zustande gekommenen Kaufvertrag basiert, ist nichts weiter als ein Preisvorschlag – oft auch nur reine Phantasie.

Dazu ein extremes, dennoch wahres Beispiel: Ihnen wird ein Fahrzeug für 6.000 Euro angeboten. Aus irgendwelchen Gründen, sie spielen wirklich überhaupt keine Rolle, möchten Sie aber nur 1.300 Euro bezahlen. Auch niemand sonst ist interessiert. Dann beträgt der Marktpreis dieses Wagens 1.300 Euro. So einfach ist das.

Zu einem vollständigen Markt gehört aber neben dem Angebot noch die Nachfrage, also mindestens ein potentieller Käufer. Denn ein Verkäufer kann zwar jeden beliebigen (!) Preisvorschlag machen – doch ein „Markt" entsteht nur dann, wenn er tatsächlich einen Abnehmer zu seinem Preis findet. Findet er keinen, so existiert kein „Markt". Der Verkäufer muß dann seinen Preisvorschlag solange nach unten korrigieren, bis sich ein Abnehmer findet. Bleibt der Anbieter „stur" und behält seinen Angebotspreis bei, dann möchte er eigentlich nicht verkaufen – in der Quintessenz entsteht also auch dann kein „Markt".

Der eigentliche Faktor hier heißt Zeit: Viele Anbieter trösten sich damit, viel davon zu haben. Bei manchen mag das stimmen, bei den meisten aber nicht. Anbieter mit der „Zeit spielt bei mir keine Rolle"-Mentalität nehmen nicht teil am Markt, sondern vielmehr an einer Lotterie: „Irgendwann finde ich einen, der mir meinen Preis bezahlt." Diese Behauptung, mehr ist es nicht, auf das große Los kann wahr werden, meist bleibt sie aber Wunschdenken. Denn das Grundwesen jeder Lotterie gilt auch hier: Es gibt immer sehr viele Verlierer – und nur sehr wenige Gewinner.

Um Verlierer zu werden braucht es nicht viel, denn der Verlust aus überlangen Verkaufswartezeiten kann sich erheblich summieren: „Eingefrorenes" Kapital und deswegen der erzwungene Verzicht auf ein anderes, vielleicht viel besseres Fahrzeug, regelmäßig wiederkehrende Kosten für Garagenmiete, Steuer und Versicherung für eine viel längere Zeit als ursprünglich geplant, Reparaturen wegen langer Standzeiten, und nicht zuletzt der Verlust aus entgangener Lebensfreude können schwer wiegen.

Die wahre Frage für jeden Verkäufer lautet also stets: Existiert Nachfrage ? Die nur leicht abgewandelte Form dieser Frage sollte auch für Menschen gelten, die wie Sie gerade im Begriff sind, einen Oldtimer zu erwerben: „Wird Nachfrage existieren, wenn ich irgendwann in der Zukunft dieses Auto wieder verkaufen möchte?" Diese Frage macht großen Sinn für Oldtimerkäufer, und sie macht noch größeren Sinn für Youngtimer-Interessierte. Dies wird ersichtlich aus den gängigen Definitionen: Als Oldtimer gelten Fahrzeuge, die mindestens 30 Jahre alt sind. Ein sogenannter Youngtimer ist ein Fahrzeug, das mindestens 20 Jahre alt ist. Aus diesem Grund ist es bei Youngtimern üblicherweise unklarer als bei Oldtimern, welches Modell einmal das Zeug zum Klassiker, und daher zu nennenswerter Nachfrage, haben wird.

Auch der Vergleich der laufenden Kosten zwischen Old- und Youngtimern kann recht unterschiedlich ausfallen, zum Beispiel wegen unterschiedlich hoher Kfz.-Steuerbeträge. Diese laufenden und weitere Kosten bestimmen die Gesamtbilanz über die Jahre des Besitzes wesentlich mit: Wer einen Wagen für 7.000 Euro kauft und ihn nach 3 Jahren weiterveräußern kann für 9.000 Euro, der scheint ein Geschäft gemacht zu haben. Wenn aber in diesen 3 Jahren 5.000 Euro an unterschiedlichsten Kosten zu begleichen waren – dann war es kein Gewinn-, sondern ein Verlustgeschäft.

Ihr Einkaufspreis und die zukünftige Nachfrage bestimmen also die betriebswirtschaftlichen Verhältnisse Ihres Erwerbs. Nun fragen Menschen bestimmte Wertmerkmale bei Fahrzeugen unterschiedlich stark nach. Grob eingeteilt gibt es vier dieser Wertmerkmale am Markt der Gebrauchtwagen:

1. Das Wertmerkmal „Hersteller und Modell"

Volkswagen-Modelle werden wesentlich stärker nachgefragt als Renault-Modelle, Polos (VW) sind populärer als Corsas (Opel).

2. Das Wertmerkmal „Alter"

Die meisten Käufer streben eher ein neueres als ein älteres Fahrzeug an, und werden dabei nur vom Preis gebremst. Bei Oldtimer-

8

Liebhabern kann dies anders sein – muß aber nicht: Viele Porsche-Liebhaber ziehen beispielsweise die letzten (also neuesten) der „wirklichen" 911er Porschemodelle den vorherigen Modelle vor, weil diese die stärkste Motorisierung der gesamten Baureihe besitzen. Ob dies das richtige Kriterium unter Oldtimergesichtspunkten ist, kann zur Zeit niemand sagen. Die Zukunft und der Marktpreis wird es zeigen.

3. Das Wertmerkmal „Kilometerleistung"

In aller Regel gilt: Je weniger Kilometer, desto besser. Das liegt daran, daß der „Tachostand" von vielen Menschen als Abnutzungsanzeiger verstanden wird. Diese Interpretation ist häufig richtig, aber eben nicht immer. Interessant ist nämlich unter anderem die Verknüpfung der Kilometerleistung mit dem Fahrzeugalter. Dazu ein kleines Beispiel: Welches der folgenden beiden Angebote ist Ihrer Meinung nach das bessere Geschäft:

Angebot A: VW Golf von 1992, nur 23.000 km. 3900 Euro

Angebot B: VW Golf von 2001, 172.000 km. 3900 Euro

Natürlich ist B das bessere Angebot, obwohl dieser Golf viel mehr Kilometer auf dem Dach hat. Denn was können Sie wohl von einem Auto von 1992 erwarten: Es besteht ein massives Korrosionsrisiko, bestimmte Bauteile sind trotz Nichtgebrauchs erheblich gealtert (zum Beispiel Dichtungen), Ersatzteile sind teuer geworden, die Kfz-Steuer liegt immens hoch aufgrund veralteter Abgaswerte, die Ausstattung ist im Vergleich zum modernen Standard spartanisch, und vieles mehr. Für Oldtimer-Interessenten zählen diese Argumente allerdings nur bedingt. Wichtiger ist häufig die Antwort auf die Frage: Wie verläßlich ist der angegebene Kilometerstand?

4. Das Wertmerkmal „Zustand"

Mithilfe dieses Merkmales wird die Tatsache bewertet, daß zwei gleiche Fahrzeuge – auch dem Alter und der Kilometerleistung nach gleich – höchst unterschiedlich benutzt und gepflegt sein können: Während der eine einen schweren Unfall hinter sich hat, abgefahrene Reifen besitzt und vor drei Jahren zum letzten Mal in der Werkstatt war, ist der andere unfallfrei, sämtliche Verschleißteile wurden gerade ausgetauscht und obendrein ist er lückenlos scheckheftgepflegt. Welchen würden Sie kaufen? Den tatsächlichen Zustand eines Fahrzeugs festzustellen und zu bewerten ist der Hauptgrund für Besichtigungstermin und Probefahrt.

Aus diesen grundsätzlichen Überlegungen wird klar, daß es komplexe Methoden geben muß, um eine ungefähre Vorstellung vom Marktpreis eines Fahrzeugs zu bekommen. Die schnellste und unaufwendigste aber besteht im direkten Vergleich von gleichartigen Angeboten in großen Internet-Datenbanken.

Bitte beachten Sie dabei, daß oben „ungefähr" steht. Denn auch diese Methode liefert lediglich Preisanhalte. Unter anderem deswegen, weil regionale Marktunterschiede existieren, weil Fahrzeug-Ausstattung und -Zustand nur gering berücksichtigt werden, und schließlich auch, weil im Internet weniger Transparenz herrscht als allgemein angenommen wird: Zum Beispiel ist nahezu immer unbekannt, wie viele und welche Fahrzeuge von Händlern, also gewerblich angeboten werden. Und ebenso unbekannt ist, für welchen Betrag sich die Angebote dann tatsächlich verkaufen.

Für einen ersten Überblick aus der Unzahl der Internetanzeigen lassen Sie sich vielleicht zunächst einmal alle Modelle ihres ausgesuchten Typs anzeigen – und zwar bundesweit. Werden viele Angebote, mehr als 30, angezeigt, dann „streichen" Sie die beiden billigsten und auch die beiden teuersten Angebote und betrachten nur die verbliebenen. Nun wissen Sie zum Beispiel: Soundsoviel Euro „kostet" der billigste in ganz Deutschland, und soundsoviel „kostet" der teuerste in ganz Deutschland.

Für den tatsächlichen Kauf kommt es dann darauf an, welcher Art von Oldtimer-Liebhaber Sie angehören: Möchten Sie selbst schrauben und reparieren? Möchten Sie vielleicht gar von Grund auf restaurieren ? Oder ziehen Sie es vor, in ein betriebsbereites Fahrzeug einzusteigen und sofort loszufahren ? Diese persönlichen Wünsche bestimmen den erforderlichen Fahrzeugzustand und damit den Kaufpreis.

Bei Sortierung der Anzeigen von niedrigem zu hohem Preis genügt es üblicherweise, lediglich die erste Hälfte aller Angebote – falls es sehr viele sind, sogar nur das erste Drittel – als „Normalangebote" zu berücksichtigen. Denn so gut wie alle darüberliegenden Angebote sind unrealistische oder unwissende „Versuche", und Händler. Aber auch das andere Ende der Gauß-Kurve ist beachtenswert: Die günstigsten 3 - 5 Prozent der Angebote sollten Sie mit erhöhter Auf-

merksamkeit lesen und anschauen. Denn neben den vereinzelten tatsächlichen Superangeboten finden sich dort zahlreiche mit schweren Unfallschäden und Mängeln.
Zur Preisfindung, aber nicht zur technischen Beurteilung, nur wenig hilfreich sind schriftliche Bewertungen und Gutachten. Ob es sich um allgemeine Listen in Zeitungen und Zeitschriften oder um individuelle Wertgutachten handelt, spielt kaum eine Rolle. Denn mehr als ein (ganz) kleiner Anhaltspunkt können gedruckte Zahlen niemals sein, weil es eben ausschließlich darauf ankommt, ob ein Preis tatsächlich gezahlt wird. Diese Regel gilt für beide Preisrichtungen. Ein Beispiel:
a) Ein Gutachtenwert von 10.000 Euro ist nichts wert, wenn es nur einen einzigen Interessenten gibt, der nicht mehr als 6.000 Euro zu zahlen bereit ist: Kein Käufer wird „Ja" zu einem Kaufpreis von 10.000 Euro sagen, nur weil dies auf einem Papier steht.
b) Der gleiche Gutachtenwert von 10.000 Euro ist ebenfalls nichts wert, falls es beispielsweise gleich drei Interessenten gibt, von denen einer aus irgendwelchen Gründen genau dieses Fahrzeug unbedingt haben möchte – und deshalb 12.000 Euro anbietet: In diesem Fall wird sich der Verkäufer kaum dem höheren Preis verweigern, nur weil ein gedruckter Gutachtenwert anderes behauptet.

Oldtimerwert vs. Gebrauchtwagenwert

Auch wenn zum Kaufzeitpunkt des edlen Neuwagens niemand daran denken mag: Autos sind Ge-, oder besser Verbrauchsartikel, die, wenn alt geworden, weggeworfen werden. Die Werte der ehemals teuer bezahlten Fahrzeuge tendieren im Laufe der Zeit üblicherweise gegen Null, irgendwann einmal ist (fast) jedes Auto gar nichts mehr wert außer seinem Altmetallgegenwert, und manchmal nicht einmal mehr das. In unserer globalisierten Welt darf allerdings nicht übersehen werden, daß solche Aussagen nur für das eigene Aufenthaltsland gelten. Schaut man über den Tellerrand, dann entdeckt man schnell, daß das heimische Prozedere nicht unbedingt der Mittelpunkt der Welt ist: Fahrzeuge, die hierzulande eindeutig auf dem Schrottplatz landen und dadurch vielleicht sogar noch Kosten verursachen, würden Ihnen zum Beispiel in Afrika oder Indien gegen recht viel Geld aus der Hand gerissen.
Jedenfalls – diese Fahrzeugalterung kommt nicht von ungefähr,

sondern sie hat genaue, teilweise sogar absichtlich herbeigeführte Gründe. In der Regel sterben Autos einen natürlichen Betriebswirtschaftstod. Unnatürliche, weil vorzeitige Tode, etwa wegen eines Totalschadens, sind Sonderfälle und werden hier nicht betrachtet. Die „natürlichen" betriebswirtschaftlichen Autotode treten immer dann ein, wenn sich der weitere Erhalt der Fahrmaschine, und nichts anderes ist ein Auto, finanziell nicht mehr lohnt. Damit sich der weitere Erhalt nicht mehr lohnt, sind neben der natürlichen technischen Abnutzung mehrere Prinzipien unterschiedlicher Interessengruppen in Kraft.

Da wäre zum Beispiel der Hersteller selbst: Neben dem Fakt, daß dieser an einem möglichst häufigen Verkauf von Neuwagen interessiert ist, muß er auch den Neuwagenpreis höher ansetzen als es bei „normaler" Kalkulation notwendig wäre. Denn andernfalls wäre kein Geld vorhanden für Neuentwicklungen, Forschungen und die weltweite Ersatzteilversorgung. Je höher aber der Neupreis liegt, desto größer werden die Wertverluste, die sich im Laufe der Jahre bis zum ehemaligen Neupreis addieren.

Ein weiterer Interessent an der Fahrzeugalterung ist der Staat: Setzt dieser zum Beispiel sehr enge Abgasgrenzwerte fest, dann lohnt es sich unter Umständen nicht, das eigene Auto, obwohl noch voll funktionsfähig, nachzurüsten – falls das technisch überhaupt möglich ist. Nur eines von vielen Beispielen sind die sogenannten „Feinstaub"-Fahrverbote in deutschen Städten. Fahrzeuge, die nur eine rote oder gar keine Plakette erhalten, verloren am Gebrauchtwagenmarkt massiv an Wert, obwohl technisch meist völlig in Ordnung und noch lange Jahre zuverlässig fahrend. Klar: Die Nachfrage nach solchen Modellen sank, weil nur wenige Menschen ein Auto möchten, mit dem sie nicht vorbehaltlos überall fahren dürfen. Manche sprachen, und sprechen, von Enteignung.

Auch nicht vergessen werden darf, daß der Staat an jedem Neuwagenkauf einen massiven Betrag an Mehrwertsteuer einnimmt: Ein Fahrzeug zum Neupreis von 20.000 Euro läßt satte 3.200 Euro (gerundet) ohne echten Gegenwert an den Staat fließen. Das teuer gekaufte Fahrzeug besitzt also einen tatsächlichen wirtschaftlichen Gegenwert von nur 16.800 Euro, der Käufer aber muß 20.000 Euro bezahlen. Auch dies ist vorprogrammierter Wertverlust.

Letztlich bestimmt in allen Fällen die Betriebswirtschaft über Leben und Tod eines Fahrzeugs. Bei Oldtimern ist dies nicht anders, nur ändern sich die Prioritäten: Was ist zum Beispiel mit denjenigen Menschen, die sich einen Jugendtraum erfüllen und dafür weder Kosten noch Mühen scheuen ? Auch für deren Fahrzeuge gilt obige Regel: Betriebswirtschaftlich lohnt die Fahrzeugnutzung möglicherweise nicht mehr. Liebhaber aber entscheiden freiwillig nach anderen Regeln, zum Beispiel: „Ich gönne mir jetzt einmal etwas." Die Betriebswirtschaft ist also auch hier keineswegs außer Kraft gesetzt. Vielmehr wählen diese Menschen aus freien Stücken, sie für sich nicht zu beachten: Sie lassen sich die Verwirklichung ihrer Träume Geld kosten, nicht ihre Vernunft. Und das ist, um keine Mißverständnisse aufkommen zu lassen, perfekt in Ordnung. Viele von uns wünschen sich immerzu, ihre Träume zu leben statt nur das Leben zu träumen – ohne es aber jemals zu tun. Da können diejenigen, die tatsächlich aktiv werden, schon ein bißchen stolz auf sich sein.

Auch für Investoren in Oldtimer gilt die Betriebswirtschaft weiterhin. Lediglich die Sichtweise verändert sich auch bei ihnen ein wenig. Während meistenteils anerkannt wird, daß der Wert eines Autos im Laufe der Jahre abnimmt, sind sich Investoren sicher (sonst würden sie nicht investieren), daß entweder sie selbst oder aber der natürliche Zeitverlauf auf die eine oder andere Weise in der Lage sind, den Fahrzeugwert genau dieses Fahrzeugs entgegen dem natürlichen Trend – zu erhöhen. Und dann zu diesem erhöhten Niveau verkaufen zu können.

Zwischen diesen beiden begrenzenden Sichtweisen liegen all diejenigen oldtimer-interessierten Menschen, die Freude am Fahren und/oder Restaurieren haben und gleichzeitig ein wenig hoffen, beim späteren Verkauf vielleicht etwas mehr zu erzielen als sie selbst bezahlten.

Grundsätzlich wird der Oldtimer-Markt – wie jeder andere Markt auch, wenn es ein freier, ununterdrückter ist – vom Grundgesetz „Angebot und Nachfrage bestimmen den Preis" regiert. Dabei werden vier Fälle unterschieden:

1. Großes Angebot + Große Nachfrage = **Mittlerer** Preis
2. Großes Angebot + Kleine Nachfrage = **Niedriger** Preis
3. Kleines Angebot + Große Nachfrage = **Hoher** Preis
4. Kleines Angebot + Kleine Nachfrage = **Mittlerer** Preis

Sogleich ist zu sehen, daß mit den großen Volumenmodellen der vergangenen Jahrzehnte – VW Golf, Opel Kadett und ähnliche – schon grundsätzlich keine hohen Preise zu erzielen sind: Es gab und gibt einfach zu viele dieser Autos: Das Angebot ist groß. Den enthusiastischen Käufer kann das freuen. Denn es bedeutet, daß er nicht allzuviel Geld ausgeben muß um sein Lieblingsmodell zu erwerben. Investoren dagegen interessieren solche Modelle meist weniger, eben weil die Marge, das ist die Differenz zwischen Verkaufs- und Einkaufspreis, zu gering erscheint.

Sofort ersichtlich wird aus der kleinen Tabelle auch, weshalb sich nicht wenige oldtimer-interessierte Menschen auf Automodelle wie den Mercedes SL, Porsche 911 und ähnliche konzentrieren. Diese populären Fahrzeuge (in anderen Worten also: Nachfrage ist „garantiert") waren auch zu ihren besten Zeiten niemals Massenmodelle wie beispielsweise ein VW Golf, von dem in seinen Hochzeiten mehr als 4000 Stück je Tag hergestellt wurden. Nicht-Massenmodelle ermöglichen deshalb zumindest theoretisch einen hohen Preis, weil das Angebot (relativ) klein ist und eine Grundnachfrage wahrscheinlich auf lange Zeit vorhanden sein wird.

„Theoretisch" deshalb, weil zu erfolgreichen Geschäften dieser Art eine große Menge KnowHow und Erfahrung gehört. Bitte erwarten Sie nicht, daß der einmalig günstige 911er von 1978 wirklich *das* Superschnäppchen ist. Vielleicht ist er es ja wirklich – viel wahrscheinlicher aber ist, daß Sie die Mängel, Seilschlingen und Konsequenzen des Angebotes nicht erkennen und bald nach Ihrem freudigen Kauf möglicherweise negativ überrascht werden. Denn diese Fahrzeugklasse besitzt zusätzlich zu anderen Nachteilen einen natürlichen, sozusagen einen eingebauten: Da sich die Preise für diese Fahrzeuge auf recht hohem Niveau befinden, lohnen sich Reparaturen aller Art viel eher als bei einem 1.000 Euro Auto. Daher werden auch umfangreichste, bei anderen Modellen völlig aussichtslose, Instandsetzungen in Kauf genommen: Ältere Porsche 911er-Modelle beispielsweise sind <u>überdurchschnittlich häufig</u> reparierte Unfallwagen (recht häufig aus Totalschäden), und Rostleichen. Dies deswegen, weil mit steigendem Lebensalter natürlich auch das Unfallrisiko steigt. Zum anderen aber, weil sich sogar eine 10.000 Euro Reparatur lohnen kann, falls das Fahrzeug für mindestens

20.000 Euro[2] verkauft werden kann. Daß die Instandsetzungen unter diesem Gesichtspunkt der Verkaufsreparatur manchmal sehr weit von jeglichen Qualitäts-Mindeststandards entfernt sind, braucht nicht zu verwundern.

Um eine vage Vorstellung über das zukünftige Preisverhalten eines bestimmten Fahrzeugmodells zu erhalten, reicht es natürlich nicht aus, sich ausschließlich die früheren Herstellungsstückzahlen anzuschauen. Denn wie Sie weiter oben schon gelesen haben, muß neben einem nicht zu großen Angebot eben auch eine nennenswerte Nachfrage vorhanden sein. Die Nachfrage nach Oldtimern basiert aber nicht auf den bei Alltagsautos üblichen Wünschen wie: Geringer Kaufpreis, geringer Benzinverbrauch, modischer Look, hohe Leistung und ähnlichem. Bei Oldtimer-Interessenten, und damit bei der Oldtimer-Nachfrage, zählen grundsätzlich andere Wünsche, zum Beispiel (Mehrfachkreuze möglich):

☐ *Dieses Auto wollte ich schon als 15-Jähriger besitzen.*

☐ *Mit diesem Auto erlebte ich meine schönsten Zeiten.*

☐ *Kfz-Elektronik - Nein danke.*

☐ *Solch einen Wagen fährt kaum jemand.*

☐ *Dieses Auto wird in einigen Jahren sehr wertvoll sein.*

☐ *Die Restauration wird mein Winterprojekt - endlich etwas Sinnvolles und Freudiges zu tun.*

☐ *Das erste Ausstellungsstück für mein Museum !*

☐ *Feinstaubplakette und hohe Steuersätze - ade !*

---

[2] Durchschnittlicher Mindestangebotspreis älterer 911er Modelle, Stand Herbst 2010.

2. Die Nebenkosten

Die sogenannten Nebenkosten jedes Oldtimerbesitzes, die gar nicht selten besser Hauptkosten heißen sollten, bestehen **erstens** aus den Reparatur- und Restaurationskosten, **zweitens** aus den Be-triebs- und Instandhaltungskosten für Versicherung, Steuer, Kraft-stoff und Verschleißteile, sowie **drittens** aus den Pflegekosten wie etwa Garagenmiete und Poliermittel. Oldtimernebenkosten werden stark vom beabsichtigten Verwendungszweck bestimmt: Es macht einen großen Unterschied, ob ein Fahrzeug für ein eigenes kleines Museum erworben wird, in dem es jahrein jahraus lediglich wohlbehütet ausgestellt wird – oder ob man jeden Tag mit seinem Oldtimer zur Arbeit fahren möchte.

Waren das dann aber alle Kostenarten? Leider – nein. Ein wesentlicher Kostenfaktor, bei vielen Besitzern sogar der wesentlichste, ist der Wertverlust bei späterem Verkauf. Schnell sind tausende Euro verloren, weil der angestrebte Verkaufspreis nicht erzielt werden kann. Für Verluste dieser Größenordnungen kann man viel Kraftstoff tanken, Versicherung bezahlen und Kfz-Steuer begleichen. Es folgt, daß sogar zum Thema „Nebenkosten" die Beachtung des richtigen Fahrzeugeinkaufes samt möglichst realistischer Markteinschätzung und gutem Verhandeln angeraten ist: Letztlich bestimmt der Einkaufspreis allein, nur er, ob und wie zu einem fernen Zeitpunkt in der Zukunft das Geschäft abgeschlossen werden kann.

Ein wesentlicher Einflußfaktor für die Betriebskostenhöhe ist die beabsichtigte Art der Teilnahme am Straßenverkehr und die daraus folgende Art der Anmeldung. Es existieren mehrere Möglichkeiten, die auf den folgenden Seiten vorgestellt werden. Welche Anmeldeart die richtige für Sie ist, hängt hauptsächlich ab von der Art und Anzahl der beabsichtigen Fahrten, sowie von Ihren Möglichkeiten, ein Fahrzeug unangemeldet parken zu können.

1. Kurzeitkennzeichen

Art	Temporäre Anmeldung
Max. Gültigkeitsdauer	5 Tage
Max. Nutzperioden/Jahr	unbeschränkt

Verwendungszweck: Eingeschränkt: Theoretisch ist die Verwendung dieser Kennzeichenart auf Fahrten beschränkt, die im Zusammenhang mit Fahrzeugkauf oder -verkauf, Fahrzeugan- oder abmeldung, sowie Probe- und Überfahrungsfahrten stehen.

Zusätzliche Vorteile: Bei entsprechender Vorbereitung sehr kurzfristig, manchmal innerhalb von nur 30 Minuten, zu erhalten, und zwar an jeder Zulassungsstelle der Bundesrepublik. Zweijährliche Hauptuntersuchung („TÜV") ist keine Pflicht.

Zusätzliche Nachteile: Zum jedesmal erneut notwendigen Amtsbesuch samt Zahlung einer Gebühr fallen jedesmal auch wieder Kosten für die Kennzeichen an, da diese nach Ablauf von 5 Tagen ungültig werden. Kostet auch zusätzlich jedes Mal Versicherungsbeitrag, falls die eigene Versicherung, zum Beispiel die des Erstwagens, nicht aus Kulanz verzichtet.

2. Rotes Sammlerkennzeichen

Art	Temporäre Anmeldung
Max. Gültigkeitsdauer	unbeschränkt
Max. Nutzperioden/Jahr	unbeschränkt

Verwendungszweck: Eingeschränkt: Theoretisch ist die Verwendung dieser Kennzeichenart auf Fahrten beschränkt, die im Zusammenhang mit Fahrzeugkauf oder -verkauf, Fahrzeugan- oder -abmeldung, sowie Probe- und Überführungsfahrten stehen. Daneben dürfen zusätzlich Fahrten unternommen werden, die im Zusammenhang mit dem Kulturgut „Historische Fahrzeuge" stehen: Fahrten zu Oldtimertreffen sind also kein Problem – einkaufen fahren zu Aldi dagegen schon.

Zusätzliche Vorteile: Kann als eine Art Wechselkennzeichen verwen-det werden, da grundsätzlich alle (gemeldeten) Oldtimerfahrzeuge damit betrieben werden dürfen. Zweijährliche Hauptuntersuchung („TÜV") ist keine Pflicht.

Zusätzliche Nachteile: Neben den Kosten für Steuer- und Ver-

17

sicherungspauschale (Steuersätze wie unter: 6. H-Kennzeichen) wird die Ausstellung der roten Kennzeichen von den Zulassungsstellen nicht „verschenkt": In der Regel erhalten nur „wirkliche" Sammler diese, als Hinweis dafür gelten: Mindestens noch ein „normal" angemeldetes Fahrzeug, guter Leumund durch Führungszeugnis nachgewiesen etc.

3. Wechselkennzeichen

Art   Temporäre Anmeldung
Max. Gültigkeitsdauer   unbeschränkt
Max. Nutzperioden/Jahr   unbeschränkt

Verwendungszweck: Eingeschränkt, allerdings nur den betreffenden Fahrzeugen nach. Wechselkennzeichen sollen es möglich machen, bis zu drei Fahrzeuge zu besitzen und diese im öffentlichen Verkehrsraum bewegen zu dürfen, ohne daß alle 3 gleichzeitig angemeldet sind und gleichzeitig Kosten verursachen. Als „angemeldet" gilt immer nur das Fahrzeug, das die Wechselkennzeichen gerade „trägt". Wechselkennzeichen befinden sich in Deutschland zur Zeit (Ende 2010) noch in der Diskussion bzw. im gesetzgeberischen Verfahren. Sie sollen ab Mitte 2011 verfügbar sein. Viele Details sind noch ungeklärt oder unveröffentlicht. Angeblich möchte das Finanzministerium die volle Kfz-Steuer für alle drei Fahrzeuge kassieren, obwohl immer nur eines bewegt werden darf, und obwohl nur eines auf öffentlicher Straße geparkt sein darf. Sollte sich diese typisch deutsche und geradezu räuberische Steuerabsicht als wahr herausstellen, werden Wechselkennzeichen sicher floppen - und nichts gebracht haben, außer wieder einmal viele Millionen Euro Steuergelder als Gehälter und andere Kosten für weltfremde und jahrelang diskutierende Politiker.
Zusätzliche Vorteile: Noch nicht bekannt.
Zusätzliche Nachteile: Noch nicht bekannt.

4. Saisonkennzeichen

Art   Temporäre Anmeldung
Max. Gültigkeitsdauer   11 Monate je Jahr
Max. Nutzperioden/Jahr   1

Verwendungszweck: Eingeschränkt, allerdings nur des frei wählbaren Gültigkeitszeitraumes nach, also zum Beispiel jedes Jahr von April bis Oktober (04-10). Ursprünglich als Hilfe für Motorradfahrer gedacht, die regelmäßig im Herbst ihr Motorrad ab- und im Frühjahr wieder anmeldeten. Hat sich aber auch bewährt für Oldtimer- und Sommerfahrzeuge wie etwa teure Cabrios. Die Kosten für Versicherung und Steuer entstehen nur anteilsmäßig – halbieren sich also, falls jedes Jahr nur 6 Monate angemeldet wird.

Zusätzliche Vorteile: Der regelmäßige Gang zur Zulassungsstelle zwecks An- und Abmelden entfällt. Mit Beginn des Startmonats ist das Fahrzeug automatisch zugelassen. Entsprechendes gilt für die Abmeldung. Zweijährliche Hauptuntersuchung („TÜV") ist Pflicht, muß aber nicht innerhalb der Stillegungsperiode verfolgt werden.

Zusätzliche Nachteile: Anmeldung sollte mindestens 6 Monate je Jahr betragen, um Schadensfreiheitsrabatt der Versicherung zu erhalten. Fahrzeug darf während der Stillegungsperiode nicht auf öffentlichen Straßen geparkt werden.

5. Normalkennzeichen

Art	Permanente Anmeldung
Max. Gültigkeitsdauer	unbeschränkt
Max. Nutzperioden/Jahr	-

Verwendungszweck: Für alle Anwendungen.
Zusätzliche Vorteile: -
Zusätzliche Nachteile: Besitzt für viele Oldtimer unter anderen den Nachteil, daß aufgrund der heutigen Abgasgesetzgebung sehr hohe Kfz-Steuern fällig werden und obendrein keine Feinstaubplakette erteilt wird.

6. H-Kennzeichen (für „Historisch")

Art	Permanente Anmeldung
Max. Gültigkeitsdauer	unbeschränkt
Max. Nutzperioden/Jahr	-

Verwendungszweck: Für alle Anwendungen, aber beschränkt auf mindestens 30 Jahre alte Fahrzeuge, gerechnet vom Erstzulassungsdatum an. Zweijährliche Hauptuntersuchung („TÜV") ist Pflicht.

19

Soll dem straßentauglichen Erhalt von wirklichen Oldtimern dienen und ist deshalb etwas günstiger gestaltet: Die Fahrzeuge unterliegen nicht der regulären Kfz-Steuerpflicht. Die H-Kfz-Steuer besteht in einer Pauschale von 192 Euro/Jahr (46 Euro für Motorräder), die hubraum-unabhängig ist. Ein- und derselbe Steuersatz gilt also für einen VW Käfer wie auch für einen Mercedes Stadtomnibus mit 11 Litern Hubraum.

Zusätzliche Vorteile: Fahrzeuge unterliegen nicht der Feinstaubplakettenpflicht und dürfen in diese Zonen unbeschränkt einfahren. Haftpflicht-Versicherungsbeiträge für „H-Kennzeichen" sind niedrig, meist im nur zweistelligen Eurobereich für das ganze Jahr, werden allerdings nicht von allen Versicherungsunternehmen angeboten.

Zusätzliche Nachteile: Wird nur erteilt, nachdem ein Gutachten erstens den erhaltungswürdigen und zweitens den zeitgemäß-originalen Zustand des Fahrzeugs bestätigt. Das Gutachten muß vom Fahrzeugbesitzer bestellt und bezahlt werden. Um als erhaltungswürdig eingestuft zu werden, muß das Fahrzeug bestimmten Voraussetzungen genügen, zum Beispiel a) darf das Fahrzeug nicht „verbraucht" sein, b) darf es keine erkennbaren Unfallrestschäden vorweisen und auch keine Anzeichen unsachgemäßer Reparatur.

· · ·

Damit sind die wesentlichen Kennzeichenmöglichkeiten für den Oldtimerbetrieb aufgezählt. Bei den Betriebskosten eines Oldtimers oder Youngtimers kann man gegenüber Alltagsautos weiter sparen:

Kfz-Haftpflichtversicherung: Manche Versicherungsgesellschaften bieten bereits für 20 Jahre alte Fahrzeuge vergünstigte Tarife an. Verglichen werden sollte dennoch immer mit dem „Normal"-Beitrag, basierend auf der Typklasse des jeweiligen Fahrzeugmodells, so wie er auch für jedes andere Fahrzeug berechnet wird. Denn viele ältere Fahrzeuge – auch die eher schnellen, starken, schweren – sind, wenn im Besitz von Liebhabern, nur noch selten in Unfälle verwickelt. Dadurch genießen diese Fahrzeuge bei den Versicherungen eine niedrige Typklasseneinstufung und deshalb einen niedrigen Jahresversicherungsbeitrag. Als Beispiel finden Sie auf der folgenden Seite einen Auszug aus der Typklassen-Liste von Mercedes Benz. Dort können Sie entnehmen, daß ein Mercedes SL

280 mit 185 PS heutzutage in der (für alle Praxis) niedrigstmöglichen Typklasse 10 eingestuft ist. Die Versicherungsbeträge für dieses Fahrzeugmodell werden Sie also sicher nicht in den Ruin treiben, auch bei regulärer Anmeldung statt H-Kennzeichen nicht. Ähnliche Verhältnisse gelten auch für ältere Porsche und eine ganze Reihe weiterer Fahrzeugmodelle, die für Oldtimer-Liebhaber interessant sind.

Ganz anders verhält es sich dagegen interessanterweise für die Volkswagen Golf und Scirocco GTI der ersten Generation, also die Baujahre 1976 und folgende. Das waren für ihre Klasse sehr leistungsstarke Fahrzeuge, die damals zum Ärger oder Erstaunen so manches Porsche- und Mercedesfahrer etwas zu gut mithalten konnten. Physikalisch begründet waren die erstaunlichen Fahrleistungen nicht allein in der GTI-Motorenleistung von damals sagenhaften 110 zuverlässigen PS, sondern in der Kombination dieser Pferde mit einer Leichtbaukarosserie: Das Fahrzeuggewicht beträgt je nach Ausstattung nur 800...900 Kilogramm – wovon heutige Konstruktionen Lichtjahre entfernt sind. Diese Leistungsgewicht-Verhältnisse waren auch der Grund dafür, daß jeder stolze GTI-Besitzer sein Auto ohne Probleme mit einem Verbrauch von nur rund 7 Litern/100 Kilometer bewegen konnte, ohne als lahme Ente aufzufallen. Das war 1976 ! Jedenfalls sind diese Fahrzeuge auch heute noch unverhältnismäßig teuer in der Haftpflichtversicherung, falls sie regulär, also ohne H-Kennzeichen, angemeldet werden, weil in hohe Typklassen eingestuft. Es scheinen demnach auch im Jahr 2010 noch eine ganze Reihe von GTIs in Betrieb zu sein, und nicht wenige davon werden offenbar immer noch – oder wieder – von Heißspornen getrieben . . .

Die freiwilligen Versicherungsarten wie Teilkasko und Vollkasko sind stark vom Fahrzeugmodell, von der Person des Versicherungsnehmers und nicht zuletzt auch von seinem oder ihrem Verhandlungsgeschick abhängig.

KW	PS	CCM	Typ-/Verkaufsbezeichnung	HSN	TSN	Klasse KH	VK	TK

Fortsetzung **MERCEDES-BENZ**

KW	PS	CCM	Typ-/Verkaufsbezeichnung	HSN	TSN	KH	VK	TK
135	184	1796	204 K (C 200 KOMPRESSOR T-MODELL)	0999	BEB	16	24	22
135	184	1796	204 K (C 200 KOMPRESSOR T-MODELL)	0999	BJA	16	24	22
135	184	1796	204 (C 200 KOMPRESSOR)	1313	ABJ	18	24	17
135	184	1796	211 K (E 200 KOMPRESSOR T-MODELL)	1313	ACA	19	23	22
135	184	1796	211 K (E 200 KOMPRESSOR T-MODELL)	1313	ACN	19	23	22
135	184	1796	211 (E 200 KOMPRESSOR)	1313	ACY	19	23	20
135	184	1796	171 (SLK 200 K ROADSTER)	1313	ADI	13	20	22
135	184	1796	203 CL (CLC 200 KOMPRESSOR SPORTCOUPE)	1313	AGH	18	20	19
135	184	1796	209 (CLK 200 KOMPRESSOR)	1313	AGL	16	21	20
135	184	1796	209 (CLK 200 KOMPRESSOR CABRIO)	1313	AGR	16	23	20
135	184	1796	204 K (C 200 KOMPRESSOR T-MODELL)	1313	AHB	16	24	22
135	184	1796	204 K (C 200 KOMPRESSOR T-MODELL)	1313	AHJ	16	24	22
135	184	2987	906AC35 (SPRINTER 318 CDI)	0999	BCQ	25	26	21
135	184	2987	906AC35 (SPRINTER KOMBI 318 CDI)	0999	BCR	25	26	21
135	184	2987	461 (G 280 CDI)	0999	BIR	(23)	22	23
135	184	2987	461 (G 280 CDI)	0999	BIS	23	22	23
135	184	2987	906AC35/4X4 (SPRINTER 318 CDI)	0999	BJC	25	26	21
135	184	2987	906AC35/4X4 (SPRINTER KOMBI 318 CDI)	0999	BJD	(25)	26	21
135	184	2987	461 (G 280 CDI)	1313	AIV	23	22	23
135	184	2987	461 (G 280 CDI)	1313	AIW	23	22	23
135	184	2987	906AC35 (SPRINTER 318 CDI)	1313	AKM	25	26	21
135	184	2987	906AC35 (SPRINTER KOMBI 318 CDI)	1313	AKN	25	26	21
135	184	2987	906AC35/4X4 (SPRINTER KOMBI 318 CDI)	1313	BBS	25	26	21
135	184	2987	906AC35/4X4 (SPRINTER 318 CDI)	1313	BBT	25	26	21
136	185	2276	201 (190 E 2.3-16)	0709	369	18	26	24
136	185	2717	250 E/8 (280 E)	0009	301	13	21	17
136	185	2717	114 280 E/8 C	0009	302	13	21	17
136	185	2717	116 (280 SE,SEL)	0009	306	14	12	14
136	185	2717	107 (280 SL) OH	0009	393	(10)	17	20
136	185	2717	107 (280 SLC) C	0009	394	12	17	20
136	185	2717	114 (280 E)	0009	412	13	21	17
136	185	2717	114 (280 CE)	0009	413	13	21	17
136	185	2717	123 (280 E)	0009	432	16	11	11
136	185	2717	123 C (280 CE)	0009	434	15	13	15
136	185	2717	116 (280 SE, SEL)	0009	436	14	12	14
136	185	2717	123 T (280 TE)	0009	446	16	12	14
136	185	2717	123 (280 E)	0709	316	16	11	11
136	185	2717	123 C (280 CE)	0709	320	15	13	15
136	185	2717	123 T (280 TE)	0709	324	16	12	14
136	185	2717	107 (280 SL)	0709	325	10	17	20
136	185	2717	107 (280 SLC)	0709	326	12	17	20
136	185	2717	126 (280 SE,SEL)	0709	333	16	17	18

SEHR TEUER

SEHR GÜNSTIG

Der nächste ständige Kostenposten im Land der weltweit meisten und umfangreichsten (!) Steuergesetze heißt **Kfz-Steuer:** Youngtimer (Fahrzeugalter ab 20 Jahre) haben für den deutschen Gesetzgeber keine besondere Stellung inne und unterliegen deshalb der „Standard" - Kfz-Steuer. Die entsprechenden Jahressteuerbeträge können Sie der folgenden Tabelle entnehmen, sie gilt auch für „normale" Gebrauchtwagen.

Für anerkannte Oldtimer, also solche mit H-Kennzeichen (Fahrzeugalter ab 30 Jahre), sieht es dagegen besser aus. Neben dem roten Kennzeichen für Sammler, das für mehrere Fahrzeuge verwendet werden darf, aber mit den Nachteilen der eingeschränkten Verwendbarkeit behaftet ist (nur zulässig für Fahrten zu Oldtimertreffen, zur Hauptuntersuchung etc.), ist das H-Kennzeichen interessant. Ab dem Moment der H-Kennzeichenmontage am Fahrzeug nämlich hat man sich sowohl der ausufernden Steuerbelastung als auch der ausufernden Feinstaubplakettenpflicht entledigt. Durch die vom Hubraum unabhängige Kfz-Steuerpauschale von knapp 200 Euro pro Jahr für H-Kennzeichen-Fahrzeuge ist es so möglich, auch die alten BigBlock-Straßenkreuzer aus den USA (Hubraum bis 9.000 ccm) oder den Militär-LKW aus der eigenen Bundeswehrzeit sein eigen nennen und auch fahren zu können. Zum „fahren können" hat Deutschland allerdings einen geradezu unglaublichen Hasenfuß geschaffen: **Wer gedanklich mit der Möglichkeit spielt, sich einen Oldtimer-LKW zuzulegen, der sollte die folgenden grau-unterlegten Inlet-Seiten gut lesen: Möglicherweise besitzen Sie gar keinen Führerschein der „alten" Klasse 2 (über 7,49 Tonnen) mehr, weil er Ihnen ohne Ihr Wissen (!) entzogen wurde!** Und zwar lediglich deshalb, weil Sie irgendwann 50 Jahre alt wurden. Diese Unglaublichkeit kann in diesem Buchtitel leider nur Nebenaspekt sein. Der Autor aber wünscht sich, daß ein engagierter Rechtsanwalt sich diesem, nach eigener Einschätzung sehr großem Rechtsbruch des deutschen Staates, mit einer Verfassungsbeschwerde in Karlsruhe annimmt — und sagt diesem Jurist und seiner Kanzlei für diesen Fall die kostenfreie Vorstellung in der neuen Auflage dieses Titels zu.

Aber zurück zum eigentlichen Thema. Über die bisher besprochenen Zahlpflichten beim Betrieb eines Oldtimer-Fahrzeuges hinaus existieren weitere Kostenaspekte, an die so mancher zukünf-

Kfz.-Steuer: Jahresbeträge PKW (2011)

SCHLÜSSEL-NR.	BENZIN					DIESEL				
	03, 04, 05**, 09, 00, 05, 06, 07, 08, 10, 15, 88	10***, 15***, 17, 19, 20, 23, 24	01, 02, 03*/**/***, 04***, 09***, 11, 12, 13, 14, 16, 18, 21, 22, 28, 29, 34, 77	25, 26, 27, 35, 49, 50, 51, 52	30, 31, 32, 33, 36, 37, 38, 39, 40, 44, 45, 46, 47, 48, 53...70	03, 04, 05** 09, 00, 05, 06, 07, 08 10, 15, 88	10***, 15***, 17, 19, 20, 23, 24	01, 02, 03*/**/***, 04***, 09***, 11, 12, 13, 14, 16, 18, 21, 22, 28, 29, 34, 77	25, 26, 27, 35, 49, 50, 51, 52	30, 31, 32, 33, 36, 37, 38, 39, 40, 44, 45, 46, 47, 48, 53...70
BEZEICH-NUNG	bedingt schadstoffarm	schadstoffarm 0	EURO 1	EURO 2	EURO 3, EURO 4	bedingt schadstoffarm	schadstoffarm 0	EURO 1	EURO 2	EURO 3, EURO 4
je 100 ccm	25,36 €	21,07 €	15,13 €	7,36 €	6,75 €	37,58 €	33,29 €	27,35 €	16,05 €	15,44 €
Hubraum (ccm)										
1000	253,60 €	210,70 €	151,30 €	73,60 €	67,50 €	375,80 €	332,90 €	273,50 €	160,50 €	154,40 €
1100	278,96 €	231,77 €	166,43 €	80,96 €	74,25 €	413,38 €	366,19 €	300,85 €	176,55 €	169,84 €
1200	304,32 €	252,84 €	181,56 €	88,32 €	81,00 €	450,96 €	399,48 €	328,20 €	192,60 €	185,28 €
1300	329,68 €	273,91 €	196,69 €	95,68 €	87,75 €	488,54 €	432,77 €	355,55 €	208,65 €	200,72 €
1400	355,04 €	294,98 €	211,82 €	103,04 €	94,50 €	526,12 €	466,06 €	382,90 €	224,70 €	216,16 €
1500	380,40 €	316,05 €	226,95 €	110,40 €	101,25 €	563,70 €	499,35 €	410,25 €	240,75 €	231,60 €
1600	405,76 €	337,12 €	242,08 €	117,76 €	108,00 €	601,28 €	532,64 €	437,60 €	256,80 €	247,04 €
1700	431,12 €	358,19 €	257,21 €	125,12 €	114,75 €	638,86 €	565,93 €	464,95 €	272,85 €	262,48 €
1800	456,48 €	379,26 €	272,34 €	132,48 €	121,50 €	676,44 €	599,22 €	492,30 €	288,90 €	277,92 €
1900	481,84 €	400,33 €	287,47 €	139,84 €	128,25 €	714,02 €	632,51 €	519,65 €	304,95 €	293,36 €
2000	507,20 €	421,40 €	302,60 €	147,20 €	135,00 €	751,60 €	665,80 €	547,00 €	321,00 €	308,80 €
2100	532,56 €	442,47 €	317,73 €	154,56 €	141,75 €	789,18 €	699,09 €	574,35 €	337,05 €	324,24 €
2200	557,92 €	463,54 €	332,86 €	161,92 €	148,50 €	826,76 €	732,38 €	601,70 €	353,10 €	339,68 €
2300	583,28 €	484,61 €	347,99 €	169,28 €	155,25 €	864,34 €	765,67 €	629,05 €	369,15 €	355,12 €
2400	608,64 €	505,68 €	363,12 €	176,64 €	162,00 €	901,92 €	798,96 €	656,40 €	385,20 €	370,56 €
2500	634,00 €	526,75 €	378,25 €	184,00 €	168,75 €	939,50 €	832,25 €	683,75 €	401,25 €	386,00 €
2600	659,36 €	547,82 €	393,38 €	191,36 €	175,50 €	977,08 €	865,54 €	711,10 €	417,30 €	401,44 €
2700	684,72 €	568,89 €	408,51 €	198,72 €	182,25 €	1.014,66 €	898,83 €	738,45 €	433,35 €	416,88 €
2800	710,08 €	589,96 €	423,64 €	206,08 €	189,00 €	1.052,24 €	932,12 €	765,80 €	449,40 €	432,32 €
2900	735,44 €	611,03 €	438,77 €	213,44 €	195,75 €	1.089,82 €	965,41 €	793,15 €	465,45 €	447,76 €
3000	760,80 €	632,10 €	453,90 €	220,80 €	202,50 €	1.127,40 €	998,70 €	820,50 €	481,50 €	463,20 €
3100	786,16 €	653,17 €	469,03 €	228,16 €	209,25 €	1.164,98 €	1.031,99 €	847,85 €	497,55 €	478,64 €
3200	811,52 €	674,24 €	484,16 €	235,52 €	216,00 €	1.202,56 €	1.065,28 €	875,20 €	513,60 €	494,08 €
3300	836,88 €	695,31 €	499,29 €	242,88 €	222,75 €	1.240,14 €	1.098,57 €	902,55 €	529,65 €	509,52 €
3400	862,24 €	716,38 €	514,42 €	250,24 €	229,50 €	1.277,72 €	1.131,86 €	929,90 €	545,70 €	524,96 €
3500	887,60 €	737,45 €	529,55 €	257,60 €	236,25 €	1.315,30 €	1.165,15 €	957,25 €	561,75 €	540,40 €
3600	912,96 €	758,52 €	544,68 €	264,96 €	243,00 €	1.352,88 €	1.198,44 €	984,60 €	577,80 €	555,84 €
3700	938,32 €	779,59 €	559,81 €	272,32 €	249,75 €	1.390,46 €	1.231,73 €	1.011,95 €	593,85 €	571,28 €
3800	963,68 €	800,66 €	574,94 €	279,68 €	256,50 €	1.428,04 €	1.265,02 €	1.039,30 €	609,90 €	586,72 €
3900	989,04 €	821,73 €	590,07 €	287,04 €	263,25 €	1.465,62 €	1.298,31 €	1.066,65 €	625,95 €	602,16 €
4000	1.014,40 €	842,80 €	605,20 €	294,40 €	270,00 €	1.503,20 €	1.331,60 €	1.094,00 €	642,00 €	617,60 €
4100	1.039,76 €	863,87 €	620,33 €	301,76 €	276,75 €	1.540,78 €	1.364,89 €	1.121,35 €	658,05 €	633,04 €
4200	1.065,12 €	884,94 €	635,46 €	309,12 €	283,50 €	1.578,36 €	1.398,18 €	1.148,70 €	674,10 €	648,48 €
4300	1.090,48 €	906,01 €	650,59 €	316,48 €	290,25 €	1.615,94 €	1.431,47 €	1.176,05 €	690,15 €	663,92 €
4400	1.115,84 €	927,08 €	665,72 €	323,84 €	297,00 €	1.653,52 €	1.464,76 €	1.203,40 €	706,20 €	679,36 €
4500	1.141,20 €	948,15 €	680,85 €	331,20 €	303,75 €	1.691,10 €	1.498,05 €	1.230,75 €	722,25 €	694,80 €
4600	1.166,56 €	969,22 €	695,98 €	338,56 €	310,50 €	1.728,68 €	1.531,34 €	1.258,10 €	738,30 €	710,24 €
4700	1.191,92 €	990,29 €	711,11 €	345,92 €	317,25 €	1.766,26 €	1.564,63 €	1.285,45 €	754,35 €	725,68 €
4800	1.217,28 €	1.011,36 €	726,24 €	353,28 €	324,00 €	1.803,84 €	1.597,92 €	1.312,80 €	770,40 €	741,12 €
4900	1.242,64 €	1.032,43 €	741,37 €	360,64 €	330,75 €	1.841,42 €	1.631,21 €	1.340,15 €	786,45 €	756,56 €
5000	1.268,00 €	1.053,50 €	756,50 €	368,00 €	337,50 €	1.879,00 €	1.664,50 €	1.367,50 €	802,50 €	772,00 €

tiger Oldtimerbesitzer zunächst vielleicht noch nicht denkt: So leben beispielsweise immer weniger Kfz-Mechaniker und -Meister, die Kraftfahrzeuge und ihre Motoren noch ohne Computerhilfe diagnostizieren, reparieren und einstellen können. Dies aber ist aus verständlichen Gründen eine der Grundvoraussetzungen für das Arbeiten an Oldtimern. Ist also der neue Besitzer in älterer Automobiltechnik nicht selbst bewandert, oder wenigstens professionell lernfreudig, dann kann dies ein ernsthaftes, zumindest aber ein teures Problem für sein Hobby „Oldtimer" bedeuten. Machen Sie sich doch einmal den Spaß und fragen Sie einen jungen Kfz-Mechaniker, ob er Ihnen mal schnell den Zündzeitpunkt einstellen, oder das Schwimmerniveau im Vergaser kontrollieren kann. Sie werden häufig in ein fragendes Gesicht schauen . . .

Natürlich sind diese Probleme nicht unüberwindbar. Nur – vergessen werden dürfen sie nicht, sonst kann es schnell zu unangenehmen Überraschungen nach dem freudigen Kauf kommen. Wer sich nun immer noch heranwagt an seinen Traum, der hat sich Anerkennung, Hilfe und Respekt redlich verdient. Nur eine Einschränkung ist vielleicht zunächst geraten: Mit einem teuren Porsche oder Mercedes sollte das schöne Oldtimerabenteuer vielleicht nicht gleich begonnen werden.

Automatischer Führerschein-Entzug am 50. Geburtstag

Seit einigen Jahren gilt, weithin unbekannt: Allen Inhabern der „alten" deutschen Führerscheinklassen 2 (LKW ab 7,5 to) und 3 (PKW und LKW bis 7,49 to) wird ab dem 50. Lebensjahr automatisch die Klasse 2 entzogen und die Klasse 3 beschränkt. Begründet wird dies mit EU-Recht und Sicherheitsbedenken. „Automatisch" bedeutet: Die Inhaber erhalten nicht einmal eine Mitteilung. Ab ihrem 50. Geburtstag fahren also möglicherweise viele Menschen ohne es zu wissen ohne Führerschein. Böses Erwachen folgt, wenn es zu einer Verkehrskontrolle oder zu einem Verkehrsunfall kommt.

Nur wer einen besonderen „Antrag" bei der Führerscheinbehörde stellt, wer ärztliche Untersuchungen auf eigene Kosten über sich ergehen läßt, wer ein neues Führerscheindokument akzeptiert, das mit neuen Einschränkungen verbunden ist (etwa: beschränkte Gültigkeitsdauer), und wer abermalige Gebühren zahlt, der hat die Chance darauf (...nur eine Chance: Anträge können gemeinhin auch abgelehnt werden), seine Fahrerlaubnis wieder zu erhalten.

Helfen Sie, die stete Entrechtlichung zu bremsen.

Wieder einmal scheint der deutsche Staat massiv gegen die Grundrechte und damit gegen seine eigenen Gesetze zu verstoßen. Juristische Stichworte wie *Schutz vor staatlicher Willkür, Besitzstandswahrung, Enteignung* und nicht zuletzt *Gleichbehandlung* fallen ein. Denn Argumentationen mit „Sicherheit" und „Lebensalter" müßten dann beispielsweise auch 50-jährigen Chirurgen das Operieren verbieten. Im Führerscheinfall steht zu befürchten,

1) daß hunderttausende Bürger gesetzeswidrig enteignet wurden und werden,

2) daß viele davon nichts wissen und sich nicht wehren können (Berufskraftfahrer werden nur selten an eine Verfassungsbeschwerde denken),

3) daß großes Unrecht geschieht durch die Verurteilung von Menschen, die überhaupt nicht wußten, ohne Führerschein unterwegs zu sein (mehrere Aktenzeichen dazu liegen bereits vor).

Und tatsächlich: Beim Bundesverfassungsgericht in Karlsruhe ist kein einziges Verfahren zu diesem quantitativ gigantischen Rechtsbruchverdacht anhängig (siehe nebenstehende Auskunft, Stand Sommer 2010).

Gibt es eine(n) freiheitliche(n) Juristen/in, der/die eine Verfassungsbeschwerde auf Basis des staatsbürgerlichen Engagements einreicht ?

AUF WUNSCH WIRD ÜBER IHR ENGAGEMENT HIER IN DER FOLGEAUSGABE BERICHTET.

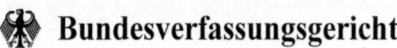 **Bundesverfassungsgericht**

- Pressestelle -

<u>Bundesverfassungsgericht ♦ Postfach 1771 ♦ 76006 Karlsruhe</u>

Aktenzeichen	Bearbeiter	☎ (0721)	Datum
▬▬▬▬▬	▬▬▬▬	▬▬▬▬▬	2010
(bei Antwort bitte angeben)			

Ihr Telefax und Schreiben vom ▬▬▬▬ **2010**

Sehr geehrt▬▬▬▬▬▬

Entscheidungen des Bundesverfassungsgerichts zum Entzug bzw. zur Beschränkung der Fahrerlaubnis von Lastkraftwagen über 7,5 to liegen nicht vor.

Mit freundlichen Grüßen

Stadtler
Oberamtsrat

Beglaubigt

Regierungsangestellte

3. Gute Angebote finden

Um bei Gebrauchtwagenkäfen eher ein vorteiliges als nachteiliges Geschäft zu machen, muß meist auf zwei unterschiedliche Punkte geachtet werden: **1. Wirklich von Privat kaufen.** Denn jeder Kauf bei gewerblichen Anbietern bedeutet natürlich, daß eine Gewinnspanne mitbezahlt wird. Und diese Spanne ist beim späteren Weiterverkauf nur schwer wieder zu erzielen. Der Vorteil eines Kaufs vom Händler dagegen liegt oft darin, daß Sie, wenn es sich um ein ehrliches Angebot handelt, ein betriebsfertiges Fahrzeug erwerben: Sie müssen sich nicht lange mit aufwendigen Reparaturen abgeben, bis Sie endlich losfahren können.

2. Ein technisch gutes Fahrzeug kaufen. Nun bedeutet „gut" bei Oldtimern nicht unbedingt dasselbe wie bei normalen Gebrauchtwagen. Im Folgenden werden Ihnen Mittel und Wege vorgestellt, um derart zweifach die „Spreu vom Weizen" zu trennen: Zum einen erfahren Sie Tips und Tricks, mithilfe derer Sie einen Teil der versteckten gewerblichen Angebote von den wirklich privaten unterscheiden können. Zum anderen erfahren Sie kleine Tips und Tricks, mithilfe derer Sie viele der technisch fragwürdigen Angebote aussortieren können. Dabei werden Kleinmängel, die bei älteren Fahrzeugen oft als „normal" anzusehen sind, nicht berücksichtigt: Instrumentenbeleuchtung, Handschuhfachdeckel und Co. interessieren hier nicht.

Wenn Sie also zu denjenigen Menschen gehören, die einen Oldtimer erwerben möchten, sich mit einem vorteilhaften Einkaufsvorgang und der Autotechnik aber weniger auskennen, dann sind Sie hier genau richtig. Zwar ist es nicht möglich, sich durch bloßes Lesen eines Buches in einen Kraftfahrzeug-Sachverständigen zu verwandeln (...und auch jenen geschehen Fehler), doch durch das Beachten der folgenden Regeln werden Sie Ihr Käuferrisiko erheblich verringern. Der Kauf eines Oldtimers läuft häufig nach dem gleichen

28

Muster ab:

1. **Die Suche nach gefälligen Angeboten.** Der Interessent sucht in Zeitungsanzeigen oder Internetdatenbanken nach passenden Angeboten und ruft die Anbieter an.

2. **Erste Ferndiagnose am Telefon.** Am Telefon erhält der Interessent einen ersten Eindruck von Verkäufer und Fahrzeug. Grundsätzliche Fragen werden beantwortet. Bei weiterem Interesse wird ein Besichtigungstermin vereinbart.

3. **Die Fahrzeugbesichtigung und Probefahrt.** Zum Besichtigungstermin informiert sich der Interessent nach seinen persönlichen Möglichkeiten über den Zustand des Fahrzeugs. Wird dabei nichts offensichtlich Nachteiliges entdeckt, und werden sich beide Parteien über den Kaufpreis und andere Vertragsdetails einig, so wird ein Kaufvertrag ausgefertigt und unterzeichnet.

Bevor Sie beginnen mit der Autosuche ist es empfehlenswert, einige Anfangsbedingungen zu setzen, denen das gesuchte Fahrzeug genügen soll – soweit Ihr Wunschmodell nicht ohnehin bereits feststeht. Entscheiden Sie sich beispielsweise, ob es ein Diesel oder ein Benziner sein soll, daß er nicht jünger als x und nicht älter als y Jahre sein soll, daß er nicht von dieser, oder auf jeden Fall von jener Marke sein soll. Diese kleine Regel ist wichtiger als Sie vielleicht denken: Erstens verhindert sie, daß Sie sich in der Unzahl der Anzeigen verlieren. Zweitens schärft sie den Blick für die wesentlichen Anzeigeninhalte. Drittens ermöglicht nur diese Regel es, mehrere Angebote einigermaßen objektiv miteinander zu vergleichen. Und schließlich sorgt die Regel natürlich auch dafür, daß Sie ein Fahrzeug bekommen, so wie Sie es möchten – nicht eines, das Ihnen „aufgeschwatzt" wird.

Nun ist jeder Kauf gleichzeitig auch ein Verkauf. Dabei ist zu bedenken, daß sich stets zwei Parteien mit konträr widersprechenden Zielen und Motiven gegenüberstehen: Der Verkäufer hält sein Fahrzeug nicht selten für besser und wertvoller als es tatsächlich ist, und möchte daher mehr Geld – Ihr Geld – als angemessen. Der Käufer dagegen möchte das bestmögliche Angebot, und dafür so wenig wie möglich bezahlen. Daraus folgt, daß **Anzeigen ohne Preisnennung**, also solche, in denen der Verkäufer seine Preis-

GRUNDREGEL

Antworten und kommunizieren Sie nicht per Email.

Telefonieren Sie.

Ausschliesslich.

vorstellung, die er mit Sicherheit besitzt, versteckt hält, **generell mit erhöhter Vorsicht zu betrachten sind:** Der Angebotspreis ist dann fast immer zu hoch, manchmal geradezu lächerlich hoch. Ähnliches gilt, wenn andere wesentliche Angaben zum Fahrzeug, etwa Baujahr oder Kilometerstand, im Anzeigentext fehlen. Für dieses Fehlen gibt es immer einen Grund, und nur selten liegt er in der Vergeßlichkeit des Anbieters. **Weiterhin ist auch Ihre Zeit kostbar:** Anzeigenlesen, telefonieren, Termine vereinbaren und wahrnehmen – das alles kostet viel Zeit. Ihre Zeit. Aus diesem Grund sollten Sie sich vor dem ersten Besichtigungstermin nicht auf die Kommunikation via Email einlassen. Telefonieren geht nicht nur viel schneller, sondern Sie behalten auch das Heft der Verhandlung in der Hand. Beim Emailen dagegen müssen Sie auf Antwort warten und geben darüber hinaus Ihre Emailanschrift preis. Und Sie müssen wieder schreiben, und warten, falls die Antwort nicht ausreichend war. Obendrein kann das Emailverlangen eines Verkäufers auch eine versteckte Höchstpreisermittlung oder Auktion bedeuten. Oder bei unglücklicher Formulierung als schriftliche Kaufzusage (Bestellung) gewertet werden. Wie auch immer: Keine Email. Emailen schwächt Ihre Verhandlungsposition erheblich. Es gilt: „Cash Is King!" Sie bezahlen – Sie bestimmen. Sonst suchen Sie sich ein anderes Angebot.

Soweit zu den grundsätzlichen Hinweisen zur Anzeigenauswahl. Nun kommen wir zu den fahrzeugbezogenen Aussagen im Inseratstext. Schon zu diesem frühen Zeitpunkt des Anzeigenlesens nämlich gibt es eine ganze Reihe von Angebotsmerkmalen, die mehr über Fahrzeug und Verkäufer aussagen als es scheint. Auch dabei gilt natürlich: Es gibt Ausnahmen. Allerdings sind sie in der Minderheit – sonst wären es ja keine:

1. Eine **Festnetz-Telefonnummer** als Kontaktmöglichkeit ist vertrauenswürdiger, kostengünstiger und überprüfbarer als lediglich eine Handynummer. Auslandsvorwahlen, besonders in Internetanzeigen, sollten nur bei sehr speziellen und seltenen Fahrzeugen in Betracht gezogen werden.

2. Legen Sie bereits jetzt fest, **wie weit Sie für einen Besichtigungstermin fahren** wollen. In der Zeit der Internetanzeigen finden sich leicht Angebote, die viele Hundert Kilometer entfernt stehen. Bedenken Sie dabei, daß Sie den doppelten Weg des Routenplaners fahren müssen, nämlich hin und zurück. Nicht nur die Fahrtkosten spielen dabei eine Rolle, auch Ihr Zeitaufwand steigt erheblich: Leicht geht ein halber oder sogar ganzer Tag verloren, nur um ein einziges Auto anzuschauen – und das bei völlig ungewissem Ausgang: Denn der hohe Anteil der eher negativen Überraschungen wird Sie nach etwas Erfahrungsammeln vielleicht überraschen. Manche Verkäufer zeigen sich am Telefon bereit, sich mit Ihnen auf halber Strecke, zum Beispiel auf einer Autobahnraststätte, zu treffen. Das macht natürlich nur Sinn, wenn das zum Verkauf stehende Fahrzeug betriebsbereit und angemeldet ist. Aber ein derart, im wahrsten Sinn des Wortes entgegenkommender, Anbieter kann ein gutes Zeichen sein.

3. **Ordentliche Rechtschreibung und nicht-marktschreierische Formulierung** des Angebotstextes ist vertrauenswürdiger als kaum verständliche, radebrechende Schriftsprache.

4. Eine **TÜV-Fälligkeit von sechs Monaten oder weniger** (oder überhaupt keine Angabe) ohne die eindeutige Erklärung des Verkäufers, daß er im Falle des Kaufs für neuen TÜV sorgt – kann bedeuten, daß es auf jeden Fall teuer wird. Sie selbst entscheiden für wen: Ohne Verkauf für den Verkäufer. Bei Verkauf für Sie, den Käufer. Dieser Merksatz gilt natürlich nur für Fahrzeuge, die auf öffentlichen Straßen gefahren werden sollen.

5. Die **Nennung eines „leichten Blechschadens"** kann schnell wesentlich mehr Probleme bedeuten, als Sie zu träumen wagen. Das Wort *Blechschaden* impliziert eine nur kleine Beschädigung – aber das gesamte Auto ist aus Blech gefertigt . . .

6. Die Angabe von **durchgeführten Tuningmaßnahmen** (auch „Chiptuning") sollte Sie ein anderes Angebot suchen lassen. Gleiches gilt für extensive Umbaumaßnahmen, riesige Stereoanlagen und ähnliches. In aller Regel besitzen Oldtimer (und auch „normale" Gebrauchtwagen) den höchsten Wert, wenn sie sich

31

so seriennah wie möglich präsentieren.

7. Die Angabe „MwSt. ausweisbar" (MwSt.: Mehrwertsteuer) bedeutet nichts anderes, als daß der Verkäufer Gewerbetreibender ist. Das muß nicht unbedingt im Kfz-Bereich sein – schließlich kann auch ein Kohlenhändler seinen Oldtimer-Firmen-Opel verkaufen – ist es aber oft.

8. Die Angabe „scheckheftgepflegt" ist – wenn sie sich als wahr herausstellt und das Serviceheft des Fahrzeugs tatsächlich regelmäßig von einer Fachwerkstatt abgestempelt wurde – ein großer Vorteil bei normalen Gebrauchtwagen. Bei Oldtimern ist es verständlicherweise nicht sehr relevant, daß von 1975 bis 1990 alle Inspektionen in der Vertragswerkstatt durchgeführt wurden. Denn seitdem sind ja schon wieder über 20 Jahre vergangen. Grundsätzlich gilt: Je aktueller Ersatzteil- und Reparaturrechnungen sind, um so wichtiger und aussagekräftiger sind sie. Ausnahme: Unfallreparaturen.

9. Ebenso ist die Angabe „erste Hand", wenn sie stimmt, ein Vorteil: Meistens ist das Fahrzeug dann jahrelang in nur wenigen und gleichzeitig oft pfleglichen Händen gewesen. Aus verständlichen Gründen kann dies aber bei Fahrzeugen, die 20 oder mehr Jahre alt sind, nicht mehr erwartet werden. Finden Sie dennoch solch einen Fall, ist dies ein großes Plus.

10. **Zu viele Angaben im Anzeigentext** – wenn Sie sich im Wust der zeilenlangen Abkürzungen nicht mehr zurechtfinden, weil selbst geringste Kleinigkeiten wie „2. Außenspiegel" und „Radzierblenden" genannt sind, dann deutet dies auf einen gewerblichen Verkäufer, oder zumindest auf einen erfahrenen Privatverkäufer, hin. Im letzten Fall können Sie sich fragen, woher seine Erfahrung stammt.

11. **Loben „über den grünen Klee"** zeigt meist, daß Vorsicht angebracht ist: Entweder ist das Angebot zu teuer, oder zu kaputt.

Gut zu wissen ist auch noch, daß viele Verkäufer ernsthafte Schwierigkeiten mit der Realität haben – ein psychologisches Phänomen, das in vielen Experimenten immer und immer wieder bestätigt wurde: Menschen schätzen den Wert ein- und desselben Objekts höher ein, sobald es ihnen gehört.

In einem der Experimente zu diesem Thema wurden gleiche Plastikbecher an die Mitglieder zweier Versuchspersonengruppen ausgegeben, einer je Person:
Den Gruppe A-Mitgliedern wurde mitgeteilt, der Becher sei ein Geschenk und sie dürften ihn nach dem Experiment mit nach Hause nehmen. Gruppe B-Mitgliedern wurde mitgeteilt, die Becher seien Requisiten des Labors und müßten nach dem Experiment zurückgegeben werden.
Nach den üblichen Scheinversuchen zur Ablenkung von der eigentlichen Testabsicht wurden alle Versuchspersonen gebeten, den konkreten Wert „ihres" Bechers auf einem Zettel zu notieren. Das Ergebnis der Auswertung lautete:

Gruppe A: **Durchschnittspreis 1,60**
Gruppe B: **Durchschnittspreis 0,70**

Was ist daraus zu lernen für den Oldtimerkauf? Nicht nur wird der Verkaufspreis in aller Regel zu hoch angesetzt, gar nicht selten sogar viel zu hoch. Darüber hinaus glauben die Verkäufer auch, ein mehr oder weniger einmaliges Fahrzeug zu besitzen: Vor ein paar Tagen besichtigte ich ein zum Verkauf stehendes VW Golf 1 Cabrio. Der Verkäufer, ein netter Rentner ohne jeden Computerumgang, hatte sein Auto durch seinen Sohn auf einer der einschlägigen Internetgebrauchtwagenseiten einstellen lassen. Der Verkäufer war ernsthaft der Meinung, daß sein Golf Cabrio im weiten Umkreis das einzige, und damit in gewisser Weise „wertvoll" sei. Man würde ja kaum mehr solche Fahrzeuge sehen. Ich erzählte ihm, daß auf der von mir verwendeten Internetdatenbank 44 Fahrzeuge des gleichen Typs im Umkreis von 100 Kilometern angeboten werden. Das glaubte er nicht.

4. Ferndiagnose

Über die wichtigsten Fahrzeugdaten wissen Sie aus dem Anzeigentext Bescheid. Vielleicht konnten Sie auch einige Fotos anschauen. Das Angebot gefällt noch immer, und nun möchten Sie Kontakt mit den Verkäufer aufnehmen. Dies sollte wie angesprochen telefonisch geschehen. Und auch bei diesem telefonischen Erstkontakt können zahlreiche Punkte beachtet werden, die in der folgenden Liste aufgeführt sind. Falls Ihr Ziel lautet, einen wirklich gutes Fahrzeug zu kaufen, dann sollten bereits eine oder zwei ungute Antwort(en) zu beliebigen der folgenden Punkte das Ende Ihres Interesses an diesem Angebot begründen. Doch entscheiden müssen Sie selbst:

SCHRITT 1

Stellen Sie sich am Telefon kurz vor und sagen Sie einfach: „Ich rufe wegen Ihres Autos an." **Nennen Sie *nicht* den Fahrzeugtyp oder Fahrzeughersteller.** Denn nun muß Ihr Gesprächspartner etwas sagen. Und Sie werden sich wundern, wie häufig Sie hören: „Welches Auto meinen Sie denn?" Aha. Was denken Sie wohl: Wieviele Autos hat der typische Privatverkäufer gleichzeitig zu verkaufen . . ? Natürlich gibt es immer Ausnahmen. Aber mit einiger Wahrscheinlichkeit sprechen Sie gerade mit einem Händler oder Semihändler.

SCHRITT 2

Handelt es sich bei der gewählten Telefonnummer um ein Handy, so bitten Sie Ihren Gesprächspartner um seine Festnetznummer und rufen ihn unter dieser Festnetznummer unmittelbar noch einmal an. Dadurch sprechen Sie (meist) nicht nur wesentlich kostengünstiger, sondern können auch Verkäufer und Standort besser identifizieren. Teilt der Verkäufer mit, er sei gerade nicht zuhause, so bitten Sie ihn dennoch um seine Festnetznummer (zuhause oder im Büro) und fragen einfach, ab wann Sie ihn dort erreichen können.

SCHRITT 3

Falls ein Anrufbeantworter die Leitung beherrscht, sprechen Sie ohne zu zögern auf und hinterlassen Ihren Namen und Rufnummer mit der Bitte um Rückruf. Grund: „..ich rufe wegen ihres Autos an.." Nennen Sie auch hier *nicht* den Fahrzeugtyp. Und damit sollte dieses Angebot für Sie bis zum Rückruf des Anbieters erledigt sein. Erfolgt nämlich kein Rückruf, erübrigt sich nach aller Erfahrung nochmaliges Hinterhertelefonieren: Das Fahrzeug ist dann entweder bereits verkauft, es existiert überhaupt nicht (Scherzanzeige), an einem echten Verkauf besteht kein Interesse, oder der Verkäufer will Ihre Zahlbereitschaft „weichkochen". Nur sehr selten handelt es sich um technisches Versagen, ist also Ihr Anruf gar nicht angekommen.

SCHRITT 4

Dann können Sie fragen, **ob es sich um sein eigenes Auto handelt,** und ob er persönlich als Halter im Kraftfahrzeugbrief eingetragen ist. Wieder werden Sie sich wundern, wie häufig Sie etwas hören wie: „Ich verkaufe das Auto für einen Freund/ Kollegen/Bruder..." Weshalb der Autobesitzer dies wohl nicht selbst tut?

SCHRITT 5

Die Frage danach, **wie lange der Verkäufer das Fahrzeug besitzt und fährt, ist genauso wichtig.** Denn wieder werden Sie sich wundern, wie häufig Sie hören: „Ich habe es noch nicht lange, erst zwei Wochen oder so." Häufig folgen nun Begründungen wie „. . . war nur für eine Notlage . . . gefällt meiner Freundin nicht . . . bekomme einen Firmenwagen" usw. usw. Jedes vergleichbare Angebot, für das die Antwort auf diese Frage „soundsoviel Jahre" lautet, ist anderen Angeboten vorzuziehen.

SCHRITT 6

Die nächste wichtige Frage ist die nach dem „Angemeldet sein". Ist ein privates gebrauchtes Fahrzeug nämlich abgemeldet, so nähert sich sein Status dem „Unverkäuflich"[3] ! Warum ist das so? Zum einen aus rein praktischen Gründen: Im abgemeldeten Zustand ist dem Interessent weder eine Probefahrt, noch bei Einigung mit dem Verkäufer das Mitnehmen des Fahrzeugs, also die Überführung nach Hause möglich. Auch wirkt ein abgemeldetes Auto aus weiteren Gründen nachteilig: Wer ein abgemeldetes Fahrzeug herumstehen hat, der fährt es nicht. Es steht möglicherweise schon lang, was es nicht besser macht. Es könnte sich auch um einen verkappten Händler handeln. Und es ist vielleicht zu teuer, denn sonst wäre es ja längst verkauft. Nun können die Verhältnisse bei älteren Fahrzeugen mit berechtigten Gründen etwas anders liegen. Dennoch ändert sich nichts daran, daß Sie als potentieller Käufer das Fahrzeug im abgemeldetem Zustand weder probefahren noch bei Einigung problemlos mitnehmen können.

SCHRITT 7

Lassen Sie sich zu diesem frühen Zeitpunkt – schließlich kennen Sie das Fahrzeug noch überhaupt nicht – **auf keinen Fall die Zeit- und Kostenlasten für die Besorgung eines Kurzzeit-Kennzeichens oder eines Anhängers aufbürden** – für ein Fahrzeug, von dem Sie weder wissen, ob es Ihnen zusagt, noch, ob eine Einigung mit dem Verkäufer möglich ist.

SCHRITT 8

Falls der Anzeigentext **„1. Hand"** (oder 2.) behauptet, fragen Sie den Verkäufer, ob wirklich nur ein oder zwei Vorbesitzer – und zwar, ACHTUNG: der Telefonpartner persönlich! – im Kraftfahrzeugbrief steht. Falls keine Angaben zu Vorbesitzern gemacht wurden, fragen Sie danach. Dabei vergißt der Verkäufer gern sich selbst, also vergessen Sie ihn nicht! Es gilt: Je mehr Vorbesitzer, desto nachteiliger: Spätestens ab dem vierten, aus Ihrer Sicht, handelt es sich für den Fahrzeugwert um einen Malus. Ausnahme: Wurde das Fahrzeug lediglich innerhalb einer Familie umgeschrieben, etwa von Vater auf den Sohn und danach auf die Tochter, so ist dies häufig unproblematisch, weil Papa auf das Auto geachtet hat.
Bei Oldtimern mit ihren vielen Jahrzehnten auf dem Dach ist es natürlich natürlich, daß sie mehrmals den Besitzer wechselten.

---

[3] Falls es sich nicht gerade um ein seltenes und gesuchtes Sondermodell handelt.

SCHRITT 9

Fragen Sie, **ob das Fahrzeug unfallfrei ist.** Bei diesem Thema existieren viele „Fallstricke". Als Unfall gilt üblicherweise, wenn geschweißte Karosserieteile repariert wurden: Ein vorderer verbeulter Kotflügel oder eine Tür (bei den meisten Autos angeschraubt), der/die ausgetauscht oder ausgebeult wurde, läßt das Auto unfallfrei. Eine reparierte Beule am Heck oder an hinteren Kotflügeln dagegen macht aus (fast) jedem Auto einen Unfallwagen. Und denken Sie auch daran, daß die Zahl der Vorbesitzer mit steigendem Fahrzeugalter ansteigt. Dabei kann nicht jeder frühere Besitzer auch Spezialist gewesen sein: Das Fahrzeug könnte also ein Unfallwagen sein, ohne daß der derzeitige Besitzer davon weiß!

SCHRITT 10

Kommt es zur Absprache eines **Besichtigungstermins**, so ist es vorteilhaft, diesen **so bald als möglich** zu vereinbaren – idealerweise direkt oder bald im Anschluß an das Telefongespräch, weil es bei wirklich guten Angeboten auf Schnelligkeit ankommt: Als Interessent stehen Sie dann in Konkurrenz zu professionellen Aufkäufern, die Autoanzeigen permanent scannen, automatisch wissen, was gut ist und sehr schnell reagieren.

SCHRITT 11

Wenn irgend möglich, sollte der **Besichtigungstermin bei Tageslicht oder in *gut* ausgeleuchteter Garage** stattfinden. Das erhöht den Mängel-Entdeckungsquotient zu Ihren Gunsten stark. Bitten Sie den Verkäufer im Telefongespräch noch, den Motor des Fahrzeugs möglichst *nicht* warmlaufen zu lassen, bevor Sie eintreffen.

SCHRITT 12

Und schließlich: **Lassen Sie sich nicht zu zeitlichem Druck nötigen.** Ein gutes Geschäft zu machen ist selten leicht oder bequem – sonst würde es jeder tun und können. Gegen die Verkäuferdruckmasche oder den tatsächlichen Fakt „Bitte beeilen Sie sich, um 16.00 Uhr kommt ein anderer Interessent." hilft nur eines – antworten Sie: „Vielen Dank für die Information. Bitte rufen Sie mich an, falls das Auto nicht verkauft wurde." und vergessen Sie das Angebot bis dahin. Es macht einen großen Unterschied, ob Sie den Ablauf beschleunigen (Schritt 10), oder sich antreiben lassen.

5. Der Besichtigungstermin

Oft im Leben entscheidet der erste Eindruck. Weil er sich häufig als richtig erwiesen hat (allerdings nicht immer). Genauso ist es auch beim Gebrauchtwagenkauf. Einen ersten Eindruck über das ausgesuchte Fahrzeug können Sie sich manchmal – meist dann, wenn das Fahrzeug zugelassen und in Betrieb ist – in aller Ruhe, nämlich noch ohne den Fahrzeugbesitzer im Rücken verschaffen: Wie aus dem Anzeigentext und Telefongespräch bekannt, handelt es sich um das Sowieso-Modell in der Sowieso-Farbe. Vielleicht kennen Sie sogar das Kennzeichen des Fahrzeugs. Und die Straßenanschrift kennen Sie auch, denn schließlich möchten Sie das Fahrzeug ja einmal anschauen. Nach Ankunft beim Verkäufer finden Sie das Auto in solchen Fällen häufig leicht erkennbar irgendwo in der Nähe geparkt. Also: Weshalb gleich beim Besitzer klingeln? Gehen Sie doch zuerst einmal allein, in aller Ruhe, um das Fahrzeug herum.

Allerdings ist das auch „gefährlich": Wenn der dunkelblaue Metallic-Lack samt Chromzierleisten elegant in der Sonne schimmert, dann herrscht Alarmstufe Rot. Sie könnten sich Hals über Kopf verlieben mit dem Risiko, nicht mehr rational zu entscheiden. Um diese echte Gefahr zu verringern, finden Sie auf der folgenden Seite eine kleine Checkliste zum Zweck des Objektivierens. Überdenken Sie Ihr Interesse noch einmal, falls Sie mehrere Fragen mit „Nein" beantworten müssen.

Sind Sie aber zufrieden, oder vielleicht sogar freudig überrascht (das müssen Sie den Verkäufer ja nicht unbedingt anmerken lassen), dann ist es jetzt Zeit, beim Anbieter zu klingeln. Nach der Begrüßung sparen Sie sich möglicherweise Zeit und Aufwand, wenn Sie nicht sofort schnurstracks gemeinsam zum Fahrzeug gehen, sondern den Verkäufer zunächst um einen Blick in die Fahrzeugpapiere bitten.

ERSTE WICHTIGE ZUSTAND-CHECKS VOR ORT:

A	**AUS WENIGEN METERN ENTFERNUNG**	
1	Gefällt der Farbton ?	
2	Glänzt der Lack ?	
3	Sind Farbtonunterschiede und/oder Lackierkanten zu sehen ?	
4	Ist die Karosse beulen- und kratzerfrei ?	
B	**AUS WENIGEN ZENTIMETERN ENTFERNUNG**	
5	Sind Dach und Scheibenrahmen korrosionsfrei ?	
6	Stimmen die Spaltmaße an Türen und Hauben ?	
7	Stimmen die Spaltmaße an Stoßstangen und Leuchten ?	
8	Ist der Innenraum sauber und gepflegt ?	
9	Stimmt der Kilometerstand des Tachometers mit der Anzeigenangabe überein ?	
C	**IN KNIEHÖHE**	
10	Ist der Unterboden frei von Korrosion und anderen Beschädigungen ?	
11	Stimmt der TÜV-Stempel des Kennzeichens überein mit der Anzeigenangabe ?	
12	Besitzen die Reifen noch ausreichend Profil, sind die Reifen nicht zu sehr gealtert ?	
13	Sind die Reifen gleichmäßig (nicht einseitig) abgefahren ?	
14	Verlief der „Handspalttest" zwischen Reifen und Ka-rosserie zufriedenstellend (siehe weiter hinten) ?	

1. Prüfung
DIE FAHRZEUG-DOKUMENTE

Gar nicht so selten wie Sie vielleicht denken bestehen Unstimmigkeiten über die Fahrzeugdaten beim Vergleich zwischen den Angaben in der Verkaufsanzeige und den tatsächlichen Fahrzeugdokumenten. Oft geschieht das aus Unwissenheit oder Schludrigkeit bei der Anzeigenaufgabe, manchmal aber auch aus wenig ehrenhaften Absichten. Ein selbst durchgeführter Vergleich ist immer angebracht und geht recht schnell. Überprüfen Sie zuerst die relevanten Daten im Fahrzeugbrief und -schein: Erstzulassung, Anzahl der Vorbesitzer, seit wann das Fahrzeug auf den Verkäufer angemeldet ist, TÜV-Termin. Natürlich müssen die Dokumente dazu vollständig sein. Zu jedem Autokauf gehören die folgenden Papiere:

1. Der Kraftfahrzeug-Brief (neu: Zulassungsbescheinigung Teil II):

Der Kfz.-Brief belegt in der Regel die Vorbesitzer, ihre damaligen Kennzeichen und die wichtigsten technischen Daten des Fahrzeugs. Sie sehen dort auch, seit wann das Fahrzeug auf den Verkäufer angemeldet ist, das genaue Erstzulassungsdatum und viele andere Daten. Um sicher zu gehen, daß Fahrzeug und Dokumente zusammen gehören, können Sie die Fahrgestellnummer aus dem Kraftfahrzeugbrief mit derjenigen am Fahrzeug vergleichen.

2. Der Kraftfahrzeug-Schein (neu: Zulassungsbescheinigung Teil I):

Zusätzlich zu den technischen Daten des Kraftfahrzeug-Briefes enthält der Kfz.-Schein auch den kommenden TÜV-Termin, der natürlich übereinstimmen muß mit den Kennzeichenplaketten und den Anzeigenangaben.

3. Die Hauptuntersuchungs-Bescheinigung:

Diese muß vorhanden sein, denn ohne „TÜV"-Bescheinigung wird von den Zulassungsbehörden kein Fahrzeug umgemeldet. Fehlt sie, dann müssen Sie vor dem Ummelden des Autos auf Ihren Namen noch einmal eine Hauptuntersuchung durchführen lassen. Natürlich auf Ihre Kosten und auf Ihr Risiko. Selbstverständlich muß die

Bescheinigung den HU-Termin auf Kennzeichen und Kfz-Schein bestätigen. Sie enthält außerdem eventuell vom Prüfer gefundene Mängel und den abgelesenen Kilometerstand des Fahrzeugs zum Zeitpunkt der Prüfung. Liegen zusätzlich noch ältere TÜV-Berichte vor, so kann aus diesen Name und Anschrift des damaligen Halters, sowie der damalige Kilometerstand des Fahrzeugs entnommen werden.

4. Die AU-Bescheinigung (Abgasuntersuchung):

Gleiches wie für den TÜV-Bericht gilt für die AU-Bescheinigung. Bei Fahrzeugen, die bereits mit einem Abgas-Katalysator ausgestattet sind, kann in manchen Fällen anhand der gedruckten Messergebnisse geschlossen werden, ob der Katalysator (ein nicht billiges Bauteil) zur nächsten oder übernächsten AU ersetzt werden muß. Dazu müssen Sie in dem Zahlenwust die Meßwerte für CO (Nicht: CO_2 . . . Kohlen**mon**oxid ist hier von Interesse, nicht Kohlen**di**oxid.) und Lambda finden. Diese werden üblicherweise dreifach angegeben, nämlich als zulässige untere und obere Grenze, sowie drittens der tatsächlich gemessene Wert. Befindet sich der gemessene CO-Wert nahe an den oberen Toleranzgrenze kann man vermuten, daß die zulässige Grenze im Lauf der nächsten Zeit durch Alterung überschritten wird. Seit diesem Jahr (2010) wird, wenn der Fahrzeughalter nicht ausdrücklich anders optiert, die AU in die HU eingeschlossen. Für Oldtimerbesitzer ist die AU in aller Regel irrelevant.

5. Das Gutachten für das H-Kennzeichen (so vorhanden):

Besitzt das Fahrzeug bereits ein H-Kennzeichen, dann muss auch ein H-Kennzeichen-Gutachten vorliegen. Aus diesem können weitere Zustandsangaben zum Fahrzeug entnommen werden.

6. Sondergenehmigungen

Bei den sogenannten Allgemeinen Betriebserlaubnissen (ABEs) und TÜV-Gutachten handelt es sich um Dokumente, die nachträgliche Anbauten an das Fahrzeug legitimieren: Beispielsweise größere Reifen und Felgen, eine Sport-Auspuffanlage oder eine Anhängerkupplung. Eintragungspflichtiges Zubehör (etwa: Anhängerkupplung), muß in den Fahrzeugpapieren (Punkt 1 und 2) eingetragen sein.

7. Rechnungen und Belege:

Im Unterschied zu den bisherigen Punkten besteht keine Pflicht des Verkäufers, Wartungs-, Inspektions- und Reparaturbelege aufzubewahren und dem Käufer auszuhändigen. Es vervollständigt aber das Gesamtbild positiv, wenn er es kann und tut. Sie bekommen dann eine genauere Übersicht (und schriftliche Bestätigungen), wel-che Arbeiten wann durchgeführt wurden.

Haben Sie bei der Papierdurchsicht eingeschlichene „Fehler" entdeckt, dann müssen Sie jetzt entscheiden: Hat sich Ihr Interesse erledigt und verabschieden Sie sich ? Oder finden Sie die Abweichungen, falls Sie zu Käufers Lasten gehen (gegen ein Fahrzeug mit weniger Kilometer als angegeben haben nur wenige etwas einzuwenden), tolerabel ?

Im zweiten Fall sollten Sie die falschen Angaben auf jeden Fall sofort zur Sprache bringen, denn manchmal kann der Verkäufer ein Mißverständnis schnell aufklären. Falls er das aber nicht kann, dann haben Sie schon ein gutes Argument für die Preisverhandlungen auf Ihrer Seite.

Anschließend gehen Sie gemeinsam zum Fahrzeug. Dazu besprechen wir nun die wichtigsten, weil teuren Baugruppen Ihres vielleicht zukünftigen Autos genauer.

2. Prüfung
DIE KAROSSERIE

Der Zustand von gebrauchten Fahrzeugkarosserien wird hauptsächlich von zwei Faktoren bestimmt: Erstens vom Korrosionsbefall (Rost) und zweitens von Unfallschäden, seien sie nun repariert oder nicht[4]. Auch die Frage nach dem Zustand der Lackierung stellt sich hier. Lackprobleme sind allerdings meist mit weniger Aufwand zu beheben als massive Korrosion oder Unfallschäden.

1. Korrosion

Wesentlich für die zweijährigen Hauptuntersuchungen, aber auch für den Werterhalt und die Folgekosten, ist die Frage des Korrosionsbefalles an tragenden Teilen der Karosserie. Damit sind im Grunde *alle* Stellen der geschweißten Rohkarosse gemeint. Korrosion an angeschraubten Karosserieteilen, etwa Türen oder vorderen Kotflügeln, ist eher von kosmetischen Interesse, kann aber darauf hindeuten, daß es auch an anderen Stellen des Fahrzeugs nicht zum Besten steht. Selbstverständlich ist das Korrosionsproblem nicht nur Thema älterer Fahrzeuge, sondern es tritt auch bei neueren Fahrzeugen auf, wenn etwa Unfallschäden nicht ordnungsgemäß repariert wurden.

So können Sie prüfen: Rostblasen unter dem Lack, oder sogar bereits aufgeplatzte **Rostnarben** auf dem **Fahrzeugdach, um die Windschutzscheibe** und **am Unterboden** deuten auf hohen kommenden Arbeitsaufwand hin. Falls Sie selbst reparieren möchten, müssen Sie sich auf einen hohen Zeitaufwand einrichten. Falls Sie reparieren lassen, sollten Sie ich auf einen hohen Geldaufwand einrichten. Besonders am Unterboden wegen seines üblicherweise aufgespritzten Unterbodenschutzes bringt manchmal ein einfacher Test überraschende Ergebnisse: Mit dem Fahrzeugschlüssel, Spitze

---

[4] Daneben spielen für den Fahrzeugwert noch Anzahl und Größe derjenigen Kratzer und Beulen eine Rolle, die nicht auf einen Unfall zurückführen, sondern Resultat des täglichen Gebrauchs sind: Steinschläge, Parkplatzrempler und auch stumpfer Lack zählen hierzu. Diese Art von Beschädigungen sollten Sie mit Ihrem Geschmack und Anspruch ausmachen.

nach vorn, wird alle paar Zentimeter die Fahrzeugunterseite abgeklopft. Ja, dazu muß man sich links und rechts neben das Fahrzeug knien. Da an der Wagenunterseite keine Schlösser eingebaut sind, darf der Schlüssel nicht eindringen. Wieder oben, heben Sie auch einmal den Bodenteppich im Fußraum und im Kofferraum an: Trocken muß es darunter sein. Und schließlich sollten alle senkrecht stehenden Bleche im Motor- und Kofferraum beachtet werden.

2. Unfallschäden

Alle Welt redet von Unfallwagen, aber was soll daran eigentlich schlimm sein? Die Antwort lautet: Nichts – falls der Schaden nach Herstellerstandards repariert wurde. Das allerdings ist eben leider recht selten der Fall. Nur allzu oft wird Samstagnachmittags selbst Hand angelegt oder eine kleine Hinterhofwerkstatt beauftragt. Die Folgen sind dann häufig: Viel zu frühe massive Korrosionsschäden, verzogene Tragwerke, nicht passende Karosserieteile und ungleiche Farbtöne. Neben der teils fragwürdigen Sicherheitskondition stellt jeder einzelne Punkt einen massiven Wertverlust dar, der bei einem späteren Verkauf als rote Zahl auf ihr eigenes Konto geht. Genauso ergeht es Ihnen übrigens auch im Fall eines unverschuldeten Unfalls: Der Schadensgutachter erkennt dann natürlich den Minderwert Ihres Wagens, und die gegnerische Versicherung ersetzt Ihnen lediglich den tatsächlichen Verlust: Wieder blieben Sie auf der Differenz zum Kaufpreis sitzen.

So können Sie prüfen: Hinweise auf frühere Unfälle geben oft die sogenannten Spaltmaße. Damit wird die **Breite der Fugen an Türen und Hauben** bezeichnet, aber auch beispielsweise an Scheinwerfern und Stoßstangen. Diese Spalte sollten rechts wie links des Fahrzeugs gleich breit sein, und ihre Kanten sollten genau parallel verlaufen. Also nicht: Oben 5 Millimeter, unten 2 Millimeter. Außerdem müssen die Kanten auf gleicher Höhe mit ihrem Gegenüber liegen: Von vorn (in der Hocke) beispielsweise auf Motorhaube und Kotflügel geschaut, sollten beide Kanten einer Fuge auf gleicher Höhe liegen.

Unterschiedliche **Nuancen des Farbtones** von einem Karosseriebereich zum nächsten, zum Beispiel von Tür zu Kotflügel, geben Hinweise auf zurückliegende Reparaturen (Achtung bei Nässe: Wasser „schönt" den Autolack). Und ganz sicher geben auch

Lackierkanten eindeutige Hinweise: Lackierkanten entstehen dort, wo mit Klebeband und Papier der Lackierbereich abgeklebt wurde. Sie finden sich als dünne Lacklinie, etwa auf Scheibendichtungen (gut sichtbar, genau hinschauen) oder unter diesen (Dichtungslippe mit dem Fingernagel oder Autoschlüssel leicht anheben und darunter schauen). Weil wir gerade beim Scheibenrahmen sind: Achten Sie auch darauf, ob die Frontscheibe samt Dichtung genau in der Karosse sitzt. Lappt die Dichtung an einer Stelle nur wenig über, oder ist gar ein Spalt zu sehen, dann ist mit hoher Wahrscheinlichkeit die gesamte Karosse durch einen früheren Unfall verzogen.

Eine weitere einfache Überprüfung auf frühere Unfallschäden ist der **Handspalttest** an Vorder- und Hinterrädern. Dabei wird geprüft, wieviel Finger der flachen Hand zwischen Reifen und Karosserie (in Achshöhe, also auf Radmitte) passen. Die benötigte Fingerzahl muß am rechten wie linken Rad gleich sein.

Andere Hinweise, etwa eine gerichtete oder ersetzte B-Säule, können Nichttechniker nur schwierig entdecken. Im Kapitel Probefahrt werden weitere Hinweise vorgestellt, die für einen früheren Unfallschaden sprechen.

3. CABRIOs

Cabrios besitzen ein zusätzliches Karosseriemerkmal, das teuer werden kann: das Verdeck. Erstes Augenmerk bei der Besichtigung gilt daher dem Stoff- oder Kunststoffdach:

1. Ist es frei von Löchern und Rissen? Außen wie innen?
2. Sind alle Druckknöpfe vorhanden, und schließen sie?
3. Funktionieren die Reißverschlüsse (wo vorhanden)?

Das zweite Augenmerk gilt dem Verdeck-Mechanismus, so vorhanden: Läßt sich das Verdeck problemlos öffnen *und* schließen? Reparaturen an Verdeck und Verdeckmechanik, gleich ob elektrisch oder mechanisch betätigt, werden schnell teuer. Ausnahme: Jeeps mit nur rudimentärer Plane.

3. Prüfung
DER KILOMETERSTAND

Die Frage nach dem Kilometerstand eines Fahrzeugs enthält meist zwei tiefer liegende Auskunftsersuchen: Erstens, bis zu welchem Kilometerstand macht es überhaupt Sinn, ein Fahrzeug zu kaufen? Und zweitens, entspricht der angezeigte Kilometerstand der Wahrheit, oder wurde vielleicht daran „gedreht"?

1. Wieviel Kilometer höchstens?

Viele Menschen halten heute noch 100.000 km für *die* Grenze zwischen gut und schlecht, zwischen neu und verbraucht. Aber was ist dran an dieser vermuteten Fahrgrenze für Gebrauchtwagen? Um es kurz zu machen: Nicht viel. Das Überschreiten dieser ziemlich willkürlichen Fahrleistungsgrenze läßt nicht verläßlich auf den Wert eines Fahrzeugs schließen. Vielleicht gab es in viel früheren Zeiten eine Berechtigung für diese Zahl, wahrscheinlich aber bevorzugt die menschliche Psyche es einfach, sich eingängige Grenzen ihrer Umwelt zu definieren: Eine bloße Zahl, rund obendrein, ist halt sehr einfach zu merken. Ein starkes Argument für diese Hypothese ist, daß auch in den USA die Fahrleistungsgrenze „100.000" zur schnellen Fahrzeugbeurteilung geliebt wird. Allerdings sind es hier plötzlich 100.000 Meilen, also 160.000 Kilometer. Für genau die gleichen Fahrzeuge, die in Europa gefahren werden. Ob BMW, Mercedes, VW und alle anderen wohl haltbarere Modelle für Amerika bauen ? Ein Auto mit 100.000 Kilometern auf dem Dach als alt oder verbraucht abzustempeln, ist nur in seltenen Fällen richtig. Nicht nur wegen des technischen Fortschritts der vergangenen Jahrzehnte kann man diese Zahl heute ohne Problem verdoppeln, also auf 200.000 km setzen. Und auch diese „200.000" sind nicht mehr als ein im Grunde unfundierter Hilfswert, denn es gibt zahlreiche Gegenbeispiele aus der Praxis: Wie eh und je wird auch heute der Gesamtzustand eines Fahrzeugs fast ausschließlich durch den Fahrer und seinen Fahr- und Pflegestil bestimmt.
Als Oldtimer-Interessent, der sein Fahrzeug auch bewegen möchte, können Sie einfach überlegen, wieviel Kilometer Sie pro Jahr wohl fahren (1.000, 5.000, ?) und wieviele Jahre Sie das Fahrzeug besitzen

möchten. Daraus ergibt sich Ihre ungefähre Gesamtfahrleistung und sie werden vielleicht feststellen, daß beispielsweise weitere 10.000 Kilometer bei einem Kilometerstand von 180.000 im Grunde vernachlässigbar sind. Unter normalen Umständen haben Sie weder besonderen technischen Ärger noch die Unverkäuflichkeit zu erwarten.

2. Stimmt der Kilometerstand?

Diese Frage ist leider nicht ganz so einfach zu beantworten. An den noch mechanischen Tachometern vieler Old- und Youngtimer gibt es Hinweise sichtbarer Art, sollte dort manipuliert worden sein.

So können Sie prüfen:

a) **Wurde an den Schraubenköpfen des Tachos, seines Ziffernblattes und seiner Halterung gedreht ?** Zu erkennen ist dies bei genauem Hinsehen häufig an den Schraubenschlitzen und an den Ecken von Sechskantköpfen.

b) **Sind die Ziffernrollen des Wegstreckenzählers unverkratzt?** Beim Verstellen rutscht schon mal das Werkzeug ab, oder Amateure drehen die Zahlenrollen durch Drücken an der Anzeigeoberfläche. Dabei kommt es leicht zu kleinen, aber sichtbaren Beschädigungen der Oberfläche. Die meist weissen Ziffern auf schwarzen Grund sollten auch bei alten Fahrzeugen absolut makellos aussehen, weil dort üblicherweise weder Werkzeug noch Staub hinreicht. Einzig „Verblassen" ist zulässig.

c) **Stehen die Ziffern der Ziffernrollen in genau waagrechter Reihe?** Nicht selten verstellen „Profis" ohne es zu bemerken die Rollen gegeneinander um nur einen halben Mitnehmer. Dann steht eine oder mehrere Ziffern sichtbar zu hoch oder zu niedrig im Vergleich zu ihren Nachbarziffern. Wirkliche Tachometerdefekte als „Entschuldigung" kommen extrem selten vor, deswegen: Rechnen Sie mit Manipulation, wenn Sie so etwas sehen. Aber Vorsicht: Bei jahrzehntealten Fahrzeugen und mehreren Vorbesitzern muß nicht unbedingt der derzeitige Verkäufer auch der Täter sein.

d) **Gelingt die Plausibilitätsprüfung mittels alter TÜV-Berichte und Rechnungen ?** Beide Dokumentarten enthalten üblicherweise den Fahrzeug-Kilometerstand zur Zeit der Ausfertigung. Beim Sortieren der alten Rechnungen und Belege nach Datum kann auf diesen Weise ungefähr nachvollzogen werden, ob der Kilometerstand regelmäßig und in glaubhafter Größe ansteigt, oder ob er plötzlich geringer geworden ist.

e) Neben der faktischen Plausibilität[5] bleiben dem Käufer darüberhinaus indirekte Hinweise zum Kilometerstand zu suchen: **Abgenutzte Pedalgummis** und ein **abgegriffenes Lenkrad** passen schlecht zu einem Kilometerstand von 40.000 km. Solche geringen Kilometerstände, und sogar noch geringere, kommen bei Oldtimern tatsächlich vor: Zum Beispiel bei alten Militärfahrzeugen.

f) Es ist auch schon vorgekommen, daß nachlässige Betrüger nach ihrer „Justierung" vergaßen, die **Ölwechsel-Schilder im Motorraum** zu entfernen – dort findet sich der Kilometerstand zum Zeitpunkt des Ölwechsels.

g) Eine andere aussagekräftige Möglichkeit der Kilometerstandüberprüfung besteht darin, **den letzten oder vorletzten Besitzer anzurufen**, so er ausfindig gemacht werden kann. Sie könnten ihn dann fragen, mit welchem Kilometerstand er damals sein Fahrzeug verkaufte. Name und Anschrift gehen häufig aus den Fahrzeugpapieren oder aus alten Rechnungen hervor. Damit kann man sein Glück zum Beispiel in einer Telefonbuch-CD oder im Internet versuchen. Es ist mir selbst schon einmal passiert: Vor vielen Jahren verkaufte ich einen Golf II Diesel mit 142.000 km an einen Gebrauchtwagenhändler. 6 Monate später rief mich ein unbekannter freundlicher Herr an, 350 Kilometer entfernt, und fragte, ob ich der ehemalige Besitzer dieses Golfs sei. Ich bejahte und er erzählte, daß er dieses Fahrzeug gerade von einem Händler mit 97.000 Kilometer gekauft habe. Während der neue Besitzer am Telefon wartete, suchte ich den schriftlichen Kaufvertrag heraus und bestätigte ihm dann sowohl die 142.000 km als auch meine Bereitschaft, als Zeuge aufzutreten. Offenbar sehr nervös geworden, rief kurz darauf der betreffende Gebrauchtwagenhändler mehrmals an und versuchte auf unterschied-

---

[5] Welcher Fall ist beispielsweise wahrscheinlicher: Golf Diesel, 7 Jahre alt, nur 42.000 Kilometer – von einem Handelsvertreter, oder von einem Rentner ?

lichste Weise mich von einer Aussage abzuhalten, was natürlich nicht in Frage kam. Nach späterer Mitteilung des neuen Golfbesitzers einigten sich die beiden Parteien dann außergerichtlich.

h) Bei Kauf des Fahrzeugs sollten Sie sich auch auf jeden Fall eine **Kopie der Verkaufsanzeige**, sei sie nun in Zeitung oder Internet veröffentlicht, behalten. Falls irgendwann neue Erkenntnisse zu den Fahrzeugdaten auftauchen, die Ihnen nicht gefallen und die der Verkäufer zu verantworten hat, können Sie so, am besten in Verbindung mit einem schriftlichem Kaufvertrag, belegen, daß Sie getäuscht wurden.

Den Kilometerstand mit der Bohrmaschine fälschen - Fakt oder Fiktion ?

Eines der meist beachteten Merkmale eines Gebrauchtwagens ist der Kilometerstand. Viele Geschichten und Gerüchte kursieren über die Fälschung der angezeigten Fahrleistung. Ein Mythos besagt, daß der Kilometerstand mittels einer an die Tachowelle angeschlossenen Bohrmaschine zurückgedreht werden kann.

Nehmen wir also einmal an, mit seinem mechanischen Tachometer hat sein Besitzer nach diesem Mythos Arges im Sinn. Er verbindet seine Bohrmaschine mit der Tachowelle. Der Tachometer kann, angenommen, maximal 200 km/h anzeigen. Der Besitzer stellt die Bohrmaschine auf die richtige Drehzahl ein, die den Tacho auf 200 „stehen" läßt (eine wesentlich höhere „Geschwindigkeit" würde den Tachometer zerstören). Wir nehmen weiter an, daß unser kleiner Bohrmaschinenbesitzerbetrüger seine Bohrmaschine quälenderweise die ganze Nacht durchlaufen läßt, sagen wir: Zehn Stunden lang.

Was wird er also am nächsten Morgen vorfinden? 200 km/h mal 10 Stunden, das ergibt 2.000 Kilometer. Der Wegstreckenzähler hat sich um lächerliche 2.000 Kilometer weiterbewegt! Und zwar vorwärts.

So geht es also offenbar nicht. Wie wäre es also, die Bohrmaschine rückwärts laufen lassen? Aber wieder hat er Pech: Auch diese Überlegung funktioniert nicht, jedenfalls nicht bei Tachometern namhafter Hersteller: Abgesehen von dem immensen Zeitbedarf zerstört schnelle Rückwärtsfahrt im Innern des Gerätes eine Feder, und der Tachometer ist kaputt. Bei wirklicher Rückwartsfahrt bricht diese Feder nur deshalb nicht, weil die Fahrt erstens langsam und zweitens nur von kurzer Dauer ist.

Also, diese Geschichte zur Fälschung ist lediglich ein Mythos. Dies bedeutet nun nicht, daß Tachometer-Fälschungen unmöglich sind. Es gibt Mittel und Wege, die Kilometerstandsanzeige nach Belieben zu ändern. Aus verständlichen Gründen wird darauf aber nicht näher eingegangen.

4. Prüfung
DER ANTRIEBSSTRANG

Mit dem Begriff „Antriebsstrang" werden all diejenigen Teile eines Kraftfahrzeugs bezeichnet, die für seinen Vortrieb verantwortlich sind, also: Motor – Kupplung – Getriebe – Kardanwelle – Antriebswellen – Antriebsrad. Diese Kette heißt Antriebsstrang. Jede Einzelkomponente samt ihrer Untersysteme[6] ist hochpräziser Maschinenbau, Reparaturen oder Ersatz sind deshalb teuer.

1. Der Motor

Nach Öffnen der Motorhaube zeigt vorsichtiges Handauflegen auf den Zylinderkopf (meist oberer Bereich des Motors), ob sich der Verkäufer an Ihre telefonische Bitte hielt, den Motor nicht warmlaufen zu lassen. Falls er dies tat, dann erhalten Sie beim folgenden Motorstart einen Eindruck vom Kaltstartverhalten und Kaltlauf. Die volle Betriebstemperatur wird später durch die Probefahrt ohnehin erreicht.

So können Sie prüfen: Fragen Sie nach der nächsten Zahnriemenwechsel-Fälligkeit. Der Zahnriemen ist bei vielen Modellen ein (motor-) überlebenswichtiges Bauteil, das regelmäßig ausgetauscht werden muß: Denn reißt der Riemen, dann droht Motortotalschaden! Deswegen reicht die bloße Aussage des Verkäufers, der Zahnriemen sei vor soundsoviel Kilometern oder Monaten getauscht worden, *nicht* aus: Es sollte dafür eine Werkstattrechnung mit Datum/Kilometerstand vorliegen, oder eine Teilerechnung, ergänzt um eine schriftliche Erklärung im Kaufvertrag!

Prüfen Sie vor dem Motorstart den Ölstand. Der Ölpegel muß zwischen den beiden Peilstabmarkierungen MIN und MAX liegen. **Verzichten Sie ohne weitere Umstände auf das Fahrzeug, falls sich der Ölstand unterhalb der unteren Marke befindet:** Denn erstens können bereits kapitale Motorschäden eingeleitet sein. Zweitens bedeutet dies, daß der Besitzer dem Fahrzeug nicht einmal die fundamentalste Sorgfalt zukommen läßt. Und möglicherweise bedeutet es auch, daß der Motor übermäßig viel Öl verbraucht oder

---

[6] Am Motor selbst etwa befinden sich wieder Pumpen, Wellen, Schalter etc.

verliert. Jede einzelne dieser Möglichkeiten ist denkbar schlechte Voraussetzung für einen langfristig zufriedenstellenden Kauf. **Danach ist die Zylinderkopfdichtung an der Reihe.** Die einfachste Schnellprüfung der Welt geht so: Während der betriebswarme Motor (betriebswarm ist wichtig, damit das Kühlwasserthermostat vollständig öffnet) im Standgas läuft, wird der Einfülldeckel des Kühlwassers abgeschraubt (bitte langsam, Vorsicht vor Verbrühungen) und in die Öffnung, also auf den Wasserpegel geschaut: Große und viele Luftblasen im Kühlwasser, brodelnde Dämpfe, regenbogenfarbig schillernder Ölfilm auf der Wasseroberfläche und /oder schwarzes Kühlwasser sind ein Alarmsignal und nicht erlaubt. Auch bei leichtem Gasgeben darf sich am Bild des Kühlwassers nichts ändern. Und für den Wasserstand gilt ähnliches wie für den Ölstand: Das Kühlwasserniveau muß sich zwischen den beiden Behältermarkierungen befinden. Ist (wesentlich) zuwenig, oder gar kein Wasser zu sehen, sollte bei Ihnen wieder die rote Flagge hochgehen: Teure Teile wie Wärmetauscher, Kühler, oder Zylinderkopfdichtung könnten defekt sein.

DIESEL: Eine noch weitergehende Aussage über den inneren Zustand eines Dieselmotors läßt sich treffen, indem der Öleinfülldeckel am Zylinderkopf bei betriebswarmen, im Standgas laufenden Motor entfernt wird: Außer ein paar kleinen Ölspritzern und einem leichten Lufthauch darf dabei nichts austreten. Verzichtet werden sollte auf das Angebot, falls es aus der Öleinfüll-Öffnung qualmt wie eine Dampflokomotive. Dabei muß es sich nicht unbedingt um sichtbaren Qualm handeln: Halten Sie Ihre flache Hand über die Öffnung: Es darf kein „Wind" zu spüren sein – andernfalls sind mit großer Wahrscheinlichkeit Kolbenringe, Kolben und/oder Zylinder verschlissen oder defekt. Eine teure Reparatur. An Benzinmotoren funktioniert der gleiche Test, ist wegen der deutlich geringeren Kompression allerdings nur für geübte Augen (und Hände) richtig zu interpretieren.

2. Die Kupplung

Jede Kraftfahrzeug-Kupplung muß auf Pedalbefehl in der Lage sein, zwei Wellen zuverlässig und rutschfrei zu verbinden, und wieder vollständig (reibungsfrei, „schleiffrei") zu trennen. Ob die Kupplung diese Aufgaben verläßlich erfüllt zeigt die Probefahrt, aber einen

Test können Sie bereits im Stand schnell und leicht durchführen. Falls die Kupplung nämlich verschlissen ist, dann rutscht sie durch. Im Verschleiß-Endstadium ist dieses Durchrutschen für jedermann bemerkbar: Trotz losgelassenem Kupplungspedal beschleunigt dann das Auto beim Gasgeben nur mäßig oder gar nicht, obwohl die Motordrehzahl ansteigt: Kurbelwellen- und Raddrehzahl sind entkoppelt.

So können Sie prüfen: Eine verschlissene Kupplung kann entdeckt werden, bevor dieses Endstadium erreicht ist. Und das geht so:

1. Der Fahrzeugmotor wird gestartet.
2. Die Handbremse wird fest angezogen.
3. Dann die Kupplung treten, den *höchsten* Gang einlegen und etwas Gas geben (etwa so, als ob Sie innerstädtisch an der Ampel anfahren)
4. . . . und jetzt das Kupplungspedal *schnell* loslassen.

Der Motor muß bei dieser Prozedur sofort ausgehen, genauer: „abgewürgt" werden. Falls er weiterläuft, auch wenn nur wenige Sekunden: Kupplung verschlissen! Bitte achten Sie vor diesem Test darauf, daß die Handbremse wirksam ist, daß vor dem Fahrzeug nichts und niemand im Weg steht, und daß wirklich der höchste Gang eingelegt ist. Das Verfahren sollte nur einmal durchgeführt werden, weil es die Automechanik beansprucht.

3. Das Getriebe

Das Schaltgetriebe ist eine sehr teure Baugruppe eines jedes Autos. Seine Aufgabe besteht darin, verschiedene Übersetzungen zwischen Motor- und Raddrehzahl je nach Fahrerwunsch herzustellen. Da im Stand für Nichttechniker nur wenig zu überprüfen ist, siehe: *Auf Probefahrt.*

4. Die Kardanwelle

Heutzutage werden viele PKW-Fahrzeugmodelle mit Frontmotor und Frontantrieb gebaut, und bei dieser Bauart entfällt die Kardanwelle. Aber es werden auch immer noch viele Modelle mit Frontmotor und Heckantrieb hergestellt, zum Beispiel: Mercedes-Benz und BMW. Diese Modelle, sowie nahezu alle LKWs und

Geländewagen, besitzen sogenannte Kardanwellen, die das Motordrehmoment nach hinten und/oder vorn an die Antriebsachsen übertragen. Außer einer übermäßigen Geräuschentwicklung und Fahrzeugrucken bei Lastwechseln, die auf zu großes Gelenkspiel, Unwucht oder Lagerschaden hindeuten, kann ein wenig erfahrener Käufer nicht viel feststellen (siehe *Auf Probefahrt).*

5. Die Antriebswellen

Falls Ihr vierrädriger Besitz in spe mit Vorderradantrieb ausgestattet ist, gibt es eine weitere einfache und schnelle Prüfung, drohende teure Reparaturen zu erkennen. Beim Vorderradantrieb transportieren sogenannte Antriebswellen das Motormoment zu den Rädern. Weil Vorderräder aber erstens schwenkbar und zweitens gefedert aufgehängt sind, können starre Wellenverbindungen zu den Antriebsrädern nicht verwendet werden. Die Antriebswellen sind deshalb mit hochgenauen und teuren Gelenken ausgestattet, die sich zum Schutz unter Gummibälgen, wie Ziehharmonikabälge, befinden. In diese Gummibälge ist Fett zur Dauerschmierung eingefüllt. Beginnen die Bälge einzureißen, was zum Beispiel durch Alterung oder unsach-gemäßen Einbau geschieht, tritt das Schmierfett durch die Fliehkraft beim Fahren aus. Zu diesem frühen Zeitpunkt kann es noch ausreichen, lediglich Gummibälge und Fettfüllung zu ersetzen – eine relativ günstige und schnelle Arbeit. Wird dagegen mit defekten Bälgen weitergefahren, dann tritt das Schmierfett vollständig aus und der Gummibalg wird komplett zerstört: Regenwasser und Straßenschmutz dringt in die Gelenke, was deren zügigen mechanischen Tod bedeutet. Eine teure Reparatur.

So können Sie prüfen: Schlagen Sie die Vorderräder bis zum Anschlag nach rechts ein. Gehen Sie dann zum rechten Vorderrad und schauen Sie auf die Radmitte – auf seiner Innenseite. Dort werden Sie einen ziehharmonikaartigen Gummibalg sehen. Dieser muß auf seiner Oberfläche öl- und fettfrei sein. Er darf weder Löcher noch Risse zeigen. Falls es nicht genau zu erkennen ist, manchmal hilft eine Taschenlampe, dann fühlen Sie einfach mit Ihren Fingern nach Beschädigungen. Ja, das gibt schmutzige Hände, kann Ihnen aber vierstellige Reparaturkosten und/oder vielstündige Reparaturen ersparen. Danach wiederholen Sie die gleiche Prozedur am linken Vorderrad.

53

An der Innenseite der Antriebswellen, dort, wo die Wellen an das Getriebe geschraubt sind, und ebenso an den Hinterrädern von vielen Heckantriebsfahrzeugen, befinden sich weitere dieser Ziehharmonikabälge. An diesen Stellen ist ihre Belastung allerdings deutlich geringer, da lediglich Federwegschwankungen, aber keine Lenkeinschlagschwankungen aufgenommen werden müssen. Daher tritt die Art der beschriebenen Schäden an diesen Stellen vergleichsweise selten auf.

5. Prüfung
BREMSEN UND LENKUNG

Weil die Fahrzeug-Baugruppen „Bremsanlage" und „Lenkung" sicherheitsrelevant sind, wird nicht nur bei ihrer Konstruktion und Herstellung viel Sorgfalt aufgewendet. Diese Baugruppen genießen auch die besondere Aufmerksamkeit der zweijährlichen Hauptuntersuchung, also des TÜVs, der Dekra und aller anderen hauptuntersuchungsberechtigten Organisationen. Insofern schützt eine neue oder fast neue TÜV-Plakette den Käufer vor größeren unliebsamen Überraschungen in diesen Teilbereichen recht gut[7]. Das ist vorteilhaft, denn bei Bremsen und Lenkung kann außer einigem Grundsätzlichem nicht viel selbst getestet werden.

1. Die Lenkung

So können Sie prüfen: Ist Lenkungsspiel vorhanden? Dazu einfach – bei ausgeschaltetem Motor – das Lenkrad in „Geradeaus"-Stellung und in ruhiger Umgebung schnell hin- und herwackeln. Es darf weder ein Klacken zu hören sein, noch darf es spürbar im Lenkrad ruckeln.

Funktioniert die Servolenkung? Der einfachste Test hier ist der Zwei-Finger-Test: Einfach bei laufendem Motor im Stand versuchen, mit zwei ausgestreckten Fingern das Lenkrad von Anschlag zu Anschlag zu drehen. Schaffen Sie das, so ist alles in Ordnung. Scheinen Sie sich dabei die Finger abzubrechen, so ist die Servofunktion defekt – oder der Wagen nicht mit Servolenkung ausgestattet.

Stimmt der Servoölstand? Im Motorraum befindet sich der Vorratsbehälter für das Servoöl, entweder mit außenliegenden MIN- und MAX-Markierungen versehen, oder mit innenliegenden kleinen Peilstab. Meist soll für die Servoölstandsprüfung der Motor laufen. Doch auch im Stillstand ist oft gut zu sehen, ob genügend Öl vorhanden ist, und auch, ob die Zuleitungen trocken, also ölfrei sind.

---

[7] Wenig oder gar keinen Schutz bietet eine neue TÜV-Plakette aber in anderen Fahrzeugbereichen: Kupplung oder Klimaanlage beispielsweise interessiert bei der HU kaum.

55

2. Die Bremsen

So können Sie prüfen: Ebenfalls im Motorraum befindet sich der Vorratsbehälter der Bremsflüssigkeit. Dieser besitzt außenliegende MIN- und MAX-Markierungen. Der Flüssigkeitsstand muß sich natürlich zwischen beiden Markierungen befinden. Als zweiter Aufmerksamkeitserreger gilt: Der gesamte Bereich um den Vorratsbehälter und um den Hauptbremszylinder (das Teil genau unter dem Behälter) muß „knochentrocken" sein, ebenso wie die Bremsleitungen.

Meist sitzt der Bremsflüssigkeits-Vorratsbehälter außerdem direkt vor einer großen metallenen Trommel, im Durchmesser etwa wie eine frühere Single-Schallplatte. Schauen Sie auf diese Trommel, besonders <u>unterhalb</u> dem Niveau des Bremsflüssigkeitsstandes, **nach abgelöstem oder abblätterndem Lack.** Finden Sie solch eine Stelle, dann kann dies bedeuten, daß Hauptbremszylinder oder Bremsleitungen undicht sind (Bremsflüssigkeit löst Lack). Oder auch, daß Bremsflüssigkeit beim Nachfüllen versehentlich verschüttet wurde. Aber weshalb mußte überhaupt welche nachgefüllt werden ? Handelte es sich um einen regelmäßigen Wechsel nach Wartungsintervall ? Oder gab es einen anderen Grund ?

Und schließlich: Durch die Felgenlöcher sind häufig die Oberflächen der Bremsscheiben zu sehen. Diese müssen riefenfrei sein.

Wer etwas mutig ist, kann das Bremsverhalten – und das ABS (Antiblockiersystem), wo vorhanden – im praktischen Fahrbetrieb selbst testen. Siehe dazu *Auf Probefahrt.*

6. Prüfung
DIE SEKUNDÄRMÄNGEL

Wie eingangs erwähnt, spielen Kleinmängel in diesem Ratgeber nur eine untergeordnete Rolle. Besonders interessierte und aufmerksame Liebhaber können mithilfe der folgenden Kurzliste weitere Fahrzeugzustände selbst überprüfen:

Die Fahrzeugscheiben:
Sind alle Scheiben, besonders die Frontscheibe, frei von Steinschlägen und Rissen? Lassen sich alle Seitenscheiben voll absenken, und auch wieder schließen?

Die Türschlösser und die Zentralverriegelung:
Funktionieren alle Schlösser (Hecklappe und Tankdeckel nicht vergessen) manuell? Und auch automatisch?

Die Heizung und die Klimaanlage:
Arbeiten alle Stufen des Gebläses? Wird es ausreichend warm im Fahrzeuginnern? In nicht zu langer Zeit ? Und läßt sich die warme Heizluft auch wieder abstellen?
Klimaanlage: Strömt wirklich kältere Luft in den Innenraum als die Außentemperatur ohnehin bietet? Im Zweifel einfach ein Thermometer an die Luftaustrittsdüsen halten. Reparaturen an Klimaanlagen sind häufig kostspielig. Alternativ im Winter als Prüfung möglich: Verschwindet der Feuchtigkeitsbeschlag an den Scheiben (innen) nach kurzer Zeit ? Weil Klimaanlagen die Luft nicht nur kühlen sondern auch trocknen, kann klimatisierte Luft viel Feuchtigkeit aufnehmen und entfernt die Scheibenfeuchtigkeit schnell.

Der Auspuff:
Nur offensichtliche Schäden sind als lauteres Auspuffgeräusch für jeden zu hören. Kleinere Löcher, die vielleicht eine größere Reparatur ankündigen, sind nicht unbedingt mit den Ohren wahrzunehmen. Einen raschen Zustandsüberblick über die Auspuffanlage erhält man durch dichtes Verschließen des hinteren Auspuffrohres mit der flachen Hand, während der Motor im Standgas läuft. Keine

Angst, das Rohrendstück sollte auch bei betriebswarmem Motor nicht zu heiß sein. Auf der Handinnenfläche wird sich zwar ein schwarzer Rußring bilden, aber es ist sofort zu hören, ob es zischt: Zischen = Auspuff undicht ! Wer es noch genauer machen möchte, der hält den Auspuff länger zu. Nach längstens einer Minute muß der Motor absterben, sonst ist die Auspuffanlage unzulässig undicht. Falls Ihre Handkraft nicht ausreicht, um das Auspuffende dicht zuzuhalten (das kann vorkommen und ist unter anderem von Motorgröße und Auspuffdurchmesser abhängig), so verwenden Sie einfach Ihren Fuß: Fest mit der Schuhsohle auf das Endstück des Auspuffrohres drücken.

Das Schiebedach:

Läßt es sich leicht öffnen, UND wieder schließen? Sind innen am Dachhimmel Wasserflecken zu erkennen? Sind außen, um den Schiebedachausschnitt, Rostspuren zu sehen?

Die Beleuchtung:

Funktionieren alle Leuchten? Dazu einfach wie beim TÜV alle nacheinander durchschalten. Wenn niemand helfen will oder kann, so ist diese Überprüfung auch allein möglich: Einfach dicht vor eine Hauswand oder vor ein Garagentor fahren. So kann man vom Fahrersitz aus die Lichtspiegelungen selbst sehen. Auch für die geringeren Lichtleistungen von Standlicht, Rücklicht und Kennzeichenbeleuchtung ist Aussteigen meist nur bei grellem Tageslicht notwendig.

6. Auf Probefahrt

Auf Probe-
fahrt können – auch
ohne besondere Erfahrung und
ohne besondere Meßgeräte – erstaunlich
viele Fahrzeugsysteme überprüft werden, wenn man
nur ein wenig mit offenen Augen und Ohren unterwegs ist.
Die Mindestlänge einer jeden Probefahrt, die diese Bezeichnung
verdient, ist definiert wie im untenstehenden grauen Kasten. Damit
ist eindeutig und unmißverständlich klar, daß ein paar Meter
Rollfahrt in der Tiefgarage oder über den Feldweg auch nicht
annähernd aus- reichen, weil
jeweils nicht ü- ber den zweiten, maximal dritten Gang
hinauszukom- men ist. Der
Grund für diese Mindestdau-
erdefinition liegt übrigens keineswegs nur in der Überprüfung aller Ge- triebegänge.

> ## GRUNDREGEL
>
> **Fahren Sie mindestens soweit oder solange, dass jeder einzelne Getriebegang mindestens einmal benutzt wurde.**

Vielmehr treten zahlreiche andere Fahrzeugmängel erst bei höheren
Geschwindigkeiten auf: Ob das Fahrzeug zur Seite zieht, ob die
Bremsen rubbeln, ob der Motor überhitzt und vieles mehr „erfahren" Sie erst bei wirklicher Autofahrt. Weil nahezu immer gilt, daß
eine Probefahrt mit einem abgemeldeten Privatfahrzeug unmöglich
ist – welchem Privatverkäufer stehen schon „rote Kennzeichen"
oder eine kilometerlange Privatstraße zu Verfügung? – deswegen ist
ein abgemeldetes Auto **unkaufbar**! Für Oldtimer gilt dies natürlich
nur bedingt. Daß Sie das Fahrzeug zur Probefahrt selbst fahren, und
daß währenddessen das Radio still sein sollte, ist bestimmt auch klar.

So können Sie prüfen:

1. Leuchten alle Kontrolleuchten

vor dem Motorstart, aber nach Einschalten der Zündung?

Verlöschen sie sodann, und bleiben sie auch „aus" während der Fahrt? Dies gilt vornehmlich für Motorkontrolleuchten. Allerdings besitzen mit voran schreitender Zeit auch mehr und mehr Youngtimer, und später auch Oldtimer, solche von „modernen" Sicherheitseinrichtungen wie Airbag und ABS. Ständig blinkende oder dauerleuchtende Warnlampen dieser Baugruppen können zu teuren Pflichtreparaturen führen, weil der TÜV ein Auge darauf hat: Mit ständig leuchtendem ABS-Warnlicht besteht kein Fahrzeug die Hauptuntersuchung. Es gibt zweifelhafte Fahrzeugangebote, bei denen einfach die betreffenden Glühbirnen oder Leuchtdioden entfernt wurden, anstatt das System zu reparieren. Wie erkennen Sie das? Ganz einfach: Beim Einschalten der Zündung muß die betreffende Kontrolleuchte leuchten.

2. Ist die volle Motorleistung vorhanden ?

Eine starke Aussage darüber, ob mit Motor, und eingeschränkt auch mit Kupplung und Getriebe, alles in Ordnung ist, liefert die tatsächliche Leistungsfähigkeit des Fahrzeugs. Wer noch kein Gefühl entwickelt hat während einer normalen Probefahrt sicher sagen zu können, ob der Motor wirklich seine angegebenen 75 PS abgibt, dem hilft ein einfacher Test: Fahren Sie mit Vollgas über die Autobahn. Ist diese eben und handelt es es sich um einen windstillen Tag, dann muß das Fahrzeug **mindestens** (...weil jeder Tacho etwas „vorgeht") die in den Kraftfahrzeugdokumenten angegebene Höchstgeschwindigkeit erreichen.

3. Motorrundlauf:

Läuft der Motor sowohl im kalten wie später auch im betriebswarmen Zustand „rund"?

4. Lenkrad:

Vibriert es bei bestimmten Geschwindigkeiten? Steht es gerade bei Geradeausfahrt?

5. Fährt das Fahrzeug geradeaus ohne Fahrer-Korrekturen ?

Um dies zu testen, wird auf gerader und möglichst wenig geneigter Straße bei gleichbleibender Geschwindigkeit das Lenkrad losgelassen: Folgt das Auto der Straße? Oder müssen Sie sofort korrigierend eingreifen?

6. Zieht das Auto beim Bremsen zur Seite ?

Treten Sie einmal, nicht zu forsch, auf die Bremse (hinteren Verkehr beachten), ohne das Lenkrad festzuhalten. Fährt das Fahrzeug weiter geradeaus ? Rubbelt das Bremspedal ?

7. Lastwechselreaktionen:

Mit „Lastwechsel" wird bezeichnet, wenn aus dem Beschleunigen oder aus der Konstantfahrt heraus abrupt Gas weggenommen wird. Und umgekehrt, wenn aus dem Ausrollen abrupt Gas gegeben wird. Achten Sie bei Lastwechseln auf den Schalthebel: Schlägt er in diesen Momenten stark aus, dann ist Motor- oder Getriebeauflager (das sind die Lager, die Motor und Getriebe in der Karosserie halten) verschlissen, oder die Antriebseinheit wurde nach einer Unfall-reparatur nicht korrekt eingepaßt. Eventuell ist auch ein dunkles Rumpeln zu hören: Dann schlägt der Auspuff an das Bodenblech, ein Anzeichen entweder für eine Auspuffschnell-reparatur oder für einen früheren, nicht sehr gut instandgesetzten Unfall.

8. Schaltgetriebe:

Achten Sie darauf, daß sich alle Gänge leicht und ohne Geräusche einlegen lassen. Dabei den Rückwärtsgang nicht vergessen. Außerdem sollen die Gänge beim Fahren eingeschaltet bleiben, also nicht von selbst herausspringen. Springt ein Gang während der Fahrt heraus, gleich welcher, dann wird eher früher als später eine teure Getriebereparatur (oder ein Austausch) fällig. Achten Sie auch darauf, ob beim Wechsel von einem Gang in einen anderen sich das Geräusch ändert: Pfeift es plötzlich mehr, oder weniger ?

9. Kupplung:

Ob die Kupplung ordentlich „greift", das wissen Sie schon. Achten Sie dennoch noch einmal beim Gasgeben darauf, ob mit steigender Motordrehzahl auch tatsächlich die Geschwindigkeit im gleichen Verhältnis steigt. Daneben ist noch die Frage offen, ob die Kupplung vollständig trennt. Dies wird angezeigt durch leichte Schaltbarkeit der Getriebegänge im Stand, bei laufendem Motor. Die gilt auch unter Fahrt. Entweder können sämtliche Gänge ohne „Kratzen" und Kraftaufwand eingeschaltet werden – oder eben nicht. Besonders sensibel für diese Prüfung ist der Rückwärtsgang im Stand.

61

10. ALLRAD spezial

Viele Geländewagen, nicht alle, besitzen ein zusätzliches Getriebe, das Verteiler- und Untersetzungsgetriebe. Dieses verteilt das Antriebsmoment auf Vorder- *und* Hinterachse (Vierradantrieb), und es untersetzt die vom herkömmlichen Schaltgetriebe gelieferten Drehzahlen noch einmal, um eine höhere Zugkraft bei niedrigerer Geschwindigkeit, zum Beispiel für Geländefahrt, zu erhalten: Mit solcher Ausstattung steht dann in der Regel die doppelte Zahl der Gänge zu Verfügung, nämlich beispielsweise 2 x 5 Vorwärtsgänge und 2 Rückwärtsgänge (LKWs: Auch als dreifache Anzahl). Zu erkennen ist solch ein zusätzliches Getriebe an einem zweiten, kleineren Schalthebel in Nähe des Hauptschalthebels. Zusätzlich gibt es in Allradfahrzeugen häufig Systeme wie Freilaufnaben und Sperrdifferentiale, die hier allerdings nicht Gegenstand sein können. **So können Sie prüfen:** Mit Verteilergetriebe ausgestattete Fahrzeuge lassen eine ungewöhnliche und eindrucksvolle Prüfung zu. Und die geht so:

1. Ziehen Sie die Handbremse an und starten Sie den Motor.

2. Schalten Sie das Verteilergetriebe (den kleineren Schalthebel) in Leerlauf. Oft lautet das Schaltschema: 2H[8] - 4H[9] – N[10] - 4L[11].

3. Treten Sie die Kupplung und legen Sie den höchsten Gang ein.

4. Lassen Sie die Kupplung los, ohne Gas zu geben.

Überraschenderweise wird nun weder der Motor ausgehen noch das Auto losfahren (diese Schaltstellung kann auch guter Diebstahlschutz sein). Es sollten weder Klapper- noch Rasselgeräusche zu hören sein, auch bei sanften Gasgeben nicht. Andernfalls können Sie auf ausgeschlagene Kardanwelle(n) und/oder verschlissenes oder defektes Verteilergetriebe schließen.

---

[8] 2-Radantrieb: Straßenübersetzung (HIGH)
[9] 4-Radantrieb: Straßenübersetzung (HIGH)
[10] Neutral (Leerlauf)
[11] 4-Radantrieb: Geländeübersetzung (LOW)

7. Der Kaufabschluss

Ist sowohl die Fahrzeugdurchsicht wie auch die Probefahrt zu überwiegender Zufriedenheit verlaufen, so hängt der Kauf nun nur noch an einer einzigen Zahl, dem Preis. Neben den grundsätzlichen Bemerkungen zu Beginn dieses Ratgebers ist es dabei wichtig zu wissen, daß nahezu jeder Verkäufer, auch der private, weiß, daß nahezu jeder Käufer ein Gegenangebot unterbreitet, also einen niedrigeren Preis vorschlägt – und er, der Verkäufer, daher seinen Angebotspreis entsprechend höher ansetzt. Sogar bei der ausdrücklichen Aussage „Festpreis" sind manchmal hunderte Euro Nachlaß möglich, wenn der Verkäufer nur von Ihrem aufrichtigen und sofortigen Kaufwillen überzeugt ist. Sie können auch den Ver- zicht auf mit- angebotenes Zubehör wie zusätzliche Rei- fen, Dachge-

> **GRUNDREGEL**
>
> **Den Angebotspreis ohne Gegenangebot zu akzeptieren, ist fast immer falsch.**

päckträger etc. anbieten. Mit dem Hinweis, daß dieses der Verkäufer gern für eigene Rechnung verkaufen kann, können Sie möglicherweise einen weiteren Nachlaß erreichen.

In jedem Fall ist die Ausfertigung eines schriftlichen Kaufvertrages wichtig. Lassen Sie sich nicht auf „Handschlagverträge" ein. Vordrucke für Kfz-Kaufvertrage gibt es zahlreiche: Auf diversen Autodatenbanken im Internet, im Bürofachhandel, bei Automobilclubs und an vielen anderen Stellen. Vor dem Unterzeichnen des Kaufvertrages prüfen Sie bitte noch einmal,

1. ob die Fahrzeugpapiere vollständig sind,

2. ob alle Fahrzeugschlüssel vorhanden sind,

3. ob das mitverkaufte Zubehör vorliegt.

4. Halten Sie grundsätzlich alle Vereinbarungen und Abweichungen („die Reifen bringe ich Ihnen am Montag persönlich vorbei") schriftlich im Vertrag fest.

5. Danach unterschreiben beide Parteien.

6. Sie bezahlen den vereinbarten Kaufpreis.

7. Das vollständige Begleichen des Betrages, oder auch die eventuelle Anzahlung, lassen Sie sich am besten direkt auf dem unterschriebenen Vertrag schriftlich quittieren.

Und damit haben Sie es geschafft: Sie sind glücklicher Besitzer Ihres automobilen Traums, der Ihnen viele frohe und freudige Zeiten und Kilometer bescheren wird.

Herzlichen Glückwunsch, und allzeit Gute Fahrt !

Ihr Antonio Elster

Unsere BESTSELLER und NEUHEITEN

Allein gelassen ? Die Exliebe wiedergewinnen

Wenn die Liebe zur Tür hinaus ist und alles nach lebenslangem November-wetter ausschaut, dann regiert die Sehnsucht pur: So schön wäre es, wieder von ihm/ihr in den Arm genommen zu werden. Dieser Ratgeber liefert Ihnen eine ausführliche Schritt-für-Schritt Anleitung für Ihren mög-lichen Anfang vom Happy-End: Leicht verständlich sind mehrere Psycho-logieprinzipien zusammengefaßt, um Ihrer Ex-Liebe das „Ex" sanft aus der Hand zu nehmen. 4. Auflage 2010 · 12 x 19 cm · Euro 7,90 · ISBN 978-3-8311-1825-0. Auch in 2 erw. Ausg. erhältl., siehe nächste Seite.

Mein erster Oldtimer · Youngtimer

Die wichtigsten Tips und Tricks für Erstkäufer. DER Oldtimer-Ratgeber mit den wichtigsten Kauf-Tips & -Tricks, für jeden leicht verständlich: Weil ohne Know-How ein Oldtimerkauf häufig zu Verlust und Ärger führt – immerhin geht es um Investitionen von mehreren Monatsgehältern - erfahren Sie direkt vom Diplom-Ingenieur für Kfz.-Technik: Welche Anzeigen Sie besser nicht anrufen. Wie Sie geschickt mit dem Verkäufer umgehen. Wie Sie teure Mängel am Fahrzeug erkennen. 1. Ausg. 2011 · DIN A5 · Euro 11,90 · ISBN 978-3-8391-8731-9

Wegziehen in die USA

Das Wichtigste zu Visa, Wohnung, Arbeit, Auto, Finanzen. Die USA sind Top-Einwanderungsziel unserer Erde. Dieser Ratgeber ist Ihre Basis für den ersten Schritt in das Land der unbegrenzten Möglichkeiten. Über die wichtigsten Fragen zu US-Visaarten, Kauf/Miete von Wohnung/Haus, Stellensuche, Selbständigkeit, Autokauf und Finanzen werden Sie direkt aus der Praxis informiert. Erhältlich in 2 Ausgaben: A 2. akt. Aufl. 2010 · DIN A5 · Euro 7,95 · ISBN 978-3-8311-4048-0, B 2011 · DIN A5 · Euro 11,90 · ISBN 978-3-8391-6149-4 mit zusätzlichen Tabellen und Abbild.

Gemeinsames Sorgerecht. Was Mütter wissen sollten

Gemeinsames Sorgerecht für die Kinder nach der Trennung ist die Regel, Verantwortung beider Eltern ist das Ziel. Doch wie sieht die Realität der meisten Mütter wirklich aus? Wenn der Vater seinen Pflichten nicht nach-kommt, seine Rechte gar missbraucht, dann kann jeder Mama-Alltag schnell zum Alptraum werden. Die Autorin berichtet aus der aktuellen Praxis, einschließlich juristischer Grundlagen und Tips für einen lebens-werten Alltag. 1. Ausgabe 2011 · DIN A5 · Euro 8,95 · ISBN 978-3-8423-1930-1

Allein gelassen? Die Exliebe wiedergewinnen...

und zusammen bleiben!
Zusätzlich zur ausführlichen Schritt-für-Schritt Anleitung im Titel „Allein gelassen ? Die Exliebe wiedergewinnen" erfahren Sie hier mehr als 25 konkrete Einzelratschläge, um aus Ihrer wiederhergestellten Beziehung eine dauernde Partnerschaft und ein glückliches Leben zu zweit zu machen. **A** 2. Auflage 2009 · 12 x 19 cm · Euro 11,90 · ISBN 978-3-8330-0692-0 **B** „Allein gelassen? Die Exliebe wiedergewinnen...und die 10 wichtigsten Tips zum Zusammenbleiben" 2008 · Euro 9,90 · ISBN 978-3-8370-6876-4

33 verblüffende Auto-Geheimnisse
Autos begleiten uns täglich durch das Leben. Doch nur wenige Menschen ahnen, wieviele verblüffenden und skurrilen Geheimnisse die erfolgreichste Maschine der Erde verbirgt. Ob die „James Bond Wende" tatsächlich funktioniert, warum es niemals Autos mit Solarzellenantrieb geben kann und vieles weitere: Hier lesen Sie 33 der erstaunlichsten und unbekannten Tatsachen rund um das Auto. Manche werden Ihren Fahreralltag sofort verbessern, andere sind gut zu wissen für den Fall der Fälle: Sie erfahren, für jedermann und jedefrau leichtverständlich, was üblicherweise den Fachleuten vorbehalten bleibt. 2011 · DIN A5 · Euro 9,95 · ISBN 978-3-8391-0556-6

Auswandern. Die wichtigsten Schritte
Wer hat nicht schon einmal daran gedacht, oder geträumt: In einem anderen Land leben, regelmäßig für einige Monate oder gleich ganz. Tropisches Meer oder alpine Berge genießen. Freier und freundlicher seine Tage verbringen, vielleicht sogar kostengünstiger. Doch wie geht das überhaupt – Auswandern ? In diesem Ratgeber werden die wichtigsten Schritte einer jeden Auswanderung beschrieben: Was sind die Grundvoraussetzungen ? Wie wird Abreise und Ankunft geschickt vorbereitet ? Und was müssen die ersten Schritte im Wunschland sein ? 2010 · DIN A5 · Euro 8,95 · ISBN 978-3-8391-2273-0

Deutscher Patentschutz für 40 Euro
Wie Ihre kleinen Ideen & Erfindungen großes Geld verdienen. Irgendwann hat jeder eine gute Produktidee. Doch Gelderfolg stellt sich trotzdem nur selten ein, weil das wertvolle geistige Eigentum nicht geschützt wird: „Zu kompliziert, zu teuer" lautet meist die Begründung. Dabei ist amtlicher deutscher Patentschutz bereits für 40 Euro erhältlich: Bis zu 10 Jahre lang, und ohne Anwaltszwang. Hier wird das offizielle Patentamtsverfahren samt seinem einfachen Antrag leichtverständlich vorgestellt. **A** 2. akt. Auflage 2009 · DIN A5 · Euro 7,95 · ISBN 978-3-8334-2638-4. **B** Auch als englische Ausgabe erhältlich.

Ein gebrauchtes Auto kaufen
Die wichtigsten Tips & Tricks für Nicht-Techniker. Auf dem Privatmarkt finden sich häufig günstigere und bessere Gebrauchtfahrzeuge als beim Händler – wenn man sich nur ein wenig auskennt. Und das sollte man, geht es doch meist um Preise in der Höhe von mehreren Monatsgehältern. Doch wie finden sich die guten Auto-Angebote unter den zahlreichen fragwürdigen? Hier erfährt der Leser wichtige Tips & Tricks zum Geldsparen vom Diplom-Ingenieur: 1. Welche Anzeigen Sie besser nicht anrufen. 2. Wie Sie geschickt mit dem Verkäufer umgehen. 3. Wie Sie versteckte Mängel entdecken. 2. akt. Auflage 2010 · DIN A5 · Euro 7,95 · ISBN 978-3-8334-9079-8

Männer zum Heiraten verführen
Heiraten – für viele Frauen das romantischste Ziel einer guten Partnerschaft auf ihrem Weg zur besten. Doch falls „der Beste von allen" noch nicht so recht überzeugt ist, oder die Beziehung noch etwas Feinschliff benötigt, dann hilft dieser Ratgeber der modernen Frau. In 40 Einzelpunkten erfährt die Leserin leicht verständliches und einfach anzuwendendes psycholo-gisches Wissen, um in seinem Kopf die Hochzeitsgedanken hüpfen zu lassen. 2. akt. Auflage 2011 · 12 x 19 cm · Euro 9,95 · ISBN 978-3-8311-4235-4

100 verblüffende Autogeheimnisse

Nur wenige Menschen ahnen, welche verblüffenden Geheimnisse die erfolgreichste Maschine der Erde verbirgt. In diesem Buch wird erstaunliches Auto-Wissen leichtverständlich vorgestellt. Wer, technisch fundiert, wissen möchte, wieviel PS eigentlich ein Pferd hat, ob die „James-Bond-Wende" wirklich funktioniert und daß Züge, nicht Autos, die wirklichen Umweltverschmutzer sind . . .und über weitere 97 Tatsachen informiert sein möchte, die üblicherweise Kfz-Ingenieuren vorbehalten bleiben – der erfährt hier weithin unbekannte Eigenschaften unserer Autos. 2002 • DIN A5 • Euro 15,90 • ISBN 978-3-8311-1826-7

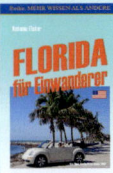

Florida für Einwanderer

Sonne, Palmen und Meer – damit ist für die meisten Menschen Florida, der tropische Bundesstaat der USA, beschrieben. Doch wer dort länger leben möchte als nur zwei Urlaubswochen, wer vielleicht gar US-Resident sein möchte, dem nutzt das typische Urlaubswissen nur wenig. In diesem Ratgeber wird Florida für Einwanderer beschrieben: Seine Geographie, das Klima, die Wirtschaft und Politik. Danach erfahren Sie alles Nötige über das Wohnen, Arbeiten, Steuern und vieles mehr aus erster Hand. 2009 • DIN A5 • Euro 9,95 • ISBN 978-3-8370-8866-3

Der richtige Lizenzvertrag

für Patent-Inhaber und Erfinder. In „Deutscher Patentschutz für 40 Euro" wird gezeigt, wie gute Ideen kostengünstig beim Deutschen Patentamt geschützt werden. Doch wie erhält man dann einen Lizenzvertrag ? Und was gehört hinein ? Hier wird ein ech-ter Vertrag zwischen Erfinder und Produktionsunternehmen Punkt für Punkt vorgestellt und erläutert. So erhalten Sie wertvolle Unterstützung, um bares Geld zu sparen und zu verdienen: Bei Lizenzgebühren, Anwaltsauslagen und durch die Erinnerung an Vertragsrisiken, an die nicht jeder denkt. 2009 • DIN A5 • Euro 9,95 • ISBN 978-3-8370-8867-0

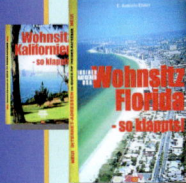

Wohnsitz Florida - so klappts !

Um sich in den USA erfolgreich niederzulassen, ist viel amerikanisches Know-how notwendig. Die Wohnsitz-Ratgeber zu Florida und Kalifornien sind umfassende, detaillierte Handbücher zum jeweiligen US-Bundesstaat: Einreisefragen, Haus- und Autokauf, Steuern, Stellensuche – das komplette Gewusst-Wie zum Leben genießen in den USA erfährt der Leser aus erster Hand. Ebenso enthalten sind ausgewählte Anschriften und Internetadressen, wie sie nur die Praxis liefern kann. **A** Florida: 2000 • DIN A5 • Euro 15,29 • ISBN 978-3-89811-216-1 **B** Kalifornien: ISBN 978-3-8981-1332-8

Verbraucher-Warnung: Kaufen Sie kein Elektro-Auto

Ob als Vollelektroversion oder als sogenannter Hybrid – Elektroautos werden über den grünen Klee gelobt. Allerdings nur von Meinungs- und Politikmachern, die häufig über Dinge reden und schreiben, in die sie wenig Einblick besitzen. Wie sieht es wirklich aus mit der Gebrauchsfähigkeit, den Kosten und der Gefährlichkeit von E-Autos? Die Antworten darauf fallen verheerend aus, so daß der Rat an Kauf-Interessenten nur lauten kann: Sehen Sie von einem Kauf ab, wenn Sie sich nicht viel Ärger, Enttäuschungen und Kosten einhandeln wollen. 2010 • DIN A5 • Euro 9,95 • ISBN 978-3-8391-6373-3

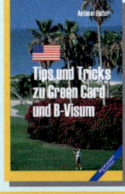

Tips und Tricks zu Green Card und B-Visum

Die USA sind das Top-Einwanderungsland unserer Erde. Um sich dort jedoch erfolgreich einzurichten, ist fundiertes amerikanisches Know-How gefragt. Dieser Ratgeber hilft allen Menschen, die sich zeitweise oder permanent in den USA niederlassen möchten, bei der richtigen Visumauswahl. Er informiert über die gängigsten Visaformen GreenCard und B1/B2 Visum, und worauf es bei den US-Behörden bei der Beantragung ankommt. 2. akt. Auflage 2011 • 12 x 19 cm • Euro 8,95 • ISBN 978-3-89811-159-1

▶ **Alltag graut – Yachtbesitz bräunt** „Durchschnitts-Landratte wird Schiffsbesitzer" - wer hat davon noch nicht geträumt? Hier ist der Beweis, daß wirklich jeder Mensch ein neues Leben beginnen kann. Spannend und unterhaltsam werden die Erlebnisse eines völlig boots-unerfahrenen Deutschen erzählt – auf seinem Weg zum süßen, unbeschwerten Leben auf der eigenen Yacht in Florida: Ab sofort ist jedes Jahr das beste Jahr. 2000 • 12 x 19 cm • Euro 12,74 • ISBN 978-3-8981-1334-2

▶ **Amerika: Visa • Wohnen • Arbeiten • Auto • Finanzen** Aufbauend auf „Wegziehen in die USA" liefert dieser Ratgeber noch detailliertere USA-Informationen, die weit über das übliche Urlaubswissen hinausgehen: Visa, Hauskauf und Anmietung, Stellensuche, Firmengründung, Autokauf, Führerscheine, Banken und Steuern. 2001 • DIN A4 • Euro 9,95 • ISBN 978-3-8311-1922-6

▶ **Dick sein ? Nein Danke !** Schlank werden und sein – für viele Menschen ein Dauerthema. Dabei ist Abnehmen viel einfacher als viele glauben: Jeder Körper kann auf ein frei gewähltes Wunschgewicht „eingestellt" werden. Leichtverständliche Kenntnisse reichen aus, denn die mächtige MMF-Regel macht es möglich: Schöner, gesünder und sogar kostengünstiger leben - kurz: endlich glücklich sein. Hier erfahren Sie das Grundgesetz jedes Schlankseins. Ohne Kosten, und zum Sofortstart geeignet. 2010 • 12 x 19 cm • Euro 8,95 • ISBN 978-3-8391-0921-2

▶ **Hexen heute erkennen** Viele Menschen wissen intuitiv: In unserer Welt existieren Kenntnisse und Fähigkeiten, die den Wissenschaften auf immer verborgen bleiben. Und von denen nur wenige zu träumen wagen: Wirkliche Hexen sind unter uns. Daß diese klugen und mächtigen Frauen, zu unrecht oft als „böse" abgestempelt, heutzutage nicht als alte Weiber samt schwarzer Katze auftreten, das ist vielen klar. Aber wie sind sie dann zu erkennen ? Und sollte man das überhaupt versuchen . . . ? 2005 • 12 x 19 cm • Euro 8,90 • ISBN 978-3-8334-3192-0

▶ **Land in Feindeshand – Deutschland wird sozialistisch** Viele Anzeichen der deutschen und europäischen Politik geben Anlaß zur Sorge: Um die persönliche Freiheit, um das persönliche Eigentum und um die kommende Generation. Die Anzeichen totalitärer Prinzipien und Denkweisen mehren sich. Zieht schon wieder der häßliche und stets kriminelle Sozialismus auf ? 2003 • 12 x 19 cm • Euro 9,90 • ISBN 978-3-8330-0485-8

▶ **Frauen zum Heiraten verführen** Heiraten – das höchste Ziel einer guten Partnerschaft auf ihrem Weg zur besten. Doch wenn „die Beste von allen" noch so recht überzeugt ist, dann hilft dieser Ratgeber dem modernen Mann: Für zahlreiche Alltagssituationen erfährt der Leser leicht verständliches und einfach anzuwendendes psychologisches Know-How, um in ihrem Kopf die Hochzeitsgedanken hüpfen zu lassen. 2010 • 12 x 19 cm • Euro 8,90 • ISBN 978-3-8391-1885-6

▶ **Die Grundregeln des Erfolgs. So werden Sie erfolgreich** Ob in der Partnerschaft, im Beruf oder beim Kontostand – erfolgreich werden Menschen überall in der Welt auf ähnliche Weise, weil alle Menschen einer ähnlichen Psychologie folgen. In diesem Ratgeber erfahren Sie die Grundregeln jedes Erfolges. So können Sie ab sofort die richtigen Entscheidungen in Ihrem Leben treffen. Denn es ist Ihres, und Sie haben nur eines. Und nur Sie allein bestimmen Ihre Ziele, und ob Sie diese Ziele erreichen. 2010 • 12 x 19 cm • Euro 9,95 • ISBN 978-3-8391-2049-1

▶ **Bevor es zu spät ist: Die Trennung verhindern** Wenn zu spüren ist, daß die Liebe zur Tür hinaus will, dann ist es höchste Zeit zu reagieren. Doch wie könnte die Beziehung noch gerettet werden ? Hier erfahren Sie mehr als 30 wertvolle Tips aus der praktischen Psychologie, damit Ihr Partner seine Trennungsgedanken noch einmal überdenkt. Bevor es zu spät ist, können Sie mithilfe dieses Ratgebers einen fundierten Rettungsversuch für Ihre Beziehung unternehmen. Gleichzeitig legen Sie den Grundstein für eine dauernde und glückliche Beziehung – gerade jetzt, wenn es so gar nicht danach ausschaut. 2009 • 12 x 19 cm • Euro 8,95 • ISBN 978-3-8370-8865-6

▶ **Auswandern. Die menschliche Seite** Hier wird die menschliche, die emotionelle Seite einer Auswanderung geschildert: Warum und wieso eigentlich weg aus Deutschland ? Wie steht der Partner dazu ? Und was wird aus der Beziehung in der Ferne ? Die wahren Erlebnisse eines jungen Paares aus Deutschland – erst ins entfernte Neuseeland, dann in die USA – faszinieren. Und machen nachdenklich. Aber zum Ende gilt wiedereinmal: Wer nicht aufgibt, der erreicht seine Ziele. 2010 • 12 x 19 cm • Euro 9,95 • ISBN 978-3-8370-9291-2